송골 첫 시조집

# 짚신사랑

오동춘 지음

⟨애국가를 지은 짚신의 아들 순국 애국자 도산 안창호(1878-1938) 선생 모습.
⟨2010. 3. 10. 72주기 추도식 날 도산공원에서⟩

1972년도
학 예 사

■ 책 머리에

월하(月河) 이 태 극
(1913~2003)

  시는 흔히들 말하기를 인간 심성의 반영이요 인간 생활의 운율적 표현이라고 한다. 그 마음도 그 생활도 참된 것임에는 틀림없다.
  이제 여기 진실로 참된 이 나라의 아들이요, 애국 애족의 실천자요, 진실한 교육자인 오동춘 님이 시집을 엮어낸다는 기쁜 소식이 있다. 이는 시인이라기보다 자기의 참된 삶과 마음의 숨김없는 기록을, 특히 우리 고유의 정형시인 시조로 나타냈다. 우리는 진실과 순박과 정성 앞에서는 자연 마음이 이끌려지고 옷깃을 여미게 되는 것이다. 이 〈짚신 사랑〉에 담긴 작품 한편 한편을 읽어 보면, 자연 이 시인의 성실한 인간성과 그 건전한 겨레 사랑의 마음씨에 휩싸여 들어감을 깨닫게 되는 것 같다. 마음의 응결이요 정신의 결정체이기도 한 이 귀중한 작품이 무려 101편이나 담겨졌다.
  이 작품들은 그가 교편생활을 하면서 혼자 즐겨 지어 모은 것이라 한다. 혹은 그의 주관과 의지와 정신이 너무 지나치게 앞서서 시감과 예술성을 저상시킨 듯한 작품들도 엿보여지기는 하나, 〈수박〉〈민들레〉〈흰 구름〉〈가야금〉 등등의 작품들을 보면, 짜임새 있는 표현이나 시어의 선택 등에도 특이한 점들을 발견할 수 있고, 또 그의 풍부한 상상력의 면밀한 서술과 문사에서는 시인으로서의 재질과 작시력을 충분히 느낄

수 있다. 하여튼 그는 정감의 시인이라기보다도 의지의 시인이요, 낭만적인 시인이기 앞서 진실의 시인이라 하겠다.
　이제 그의 송골 서시 중의 한 수를 들어 그의 진실한 면모를 보기로 하자.

　　　사울수록 맑은 가난
　　　행복 이치 일깨시네

　　　어느때고 먼저 생각
　　　하늘하고 나라 겨레

　　　뼈님들 얼 빛난 밭에
　　　나도 빛씨 심겠습니다.

　이렇게 우리 겨레들의 살아갈 방향을 터득하여 이렇지 못한 모든 겨레를 이 길로 이끌어 넣고자 하는 마음에 앞서 자기도 이 빛씨를 심겠다는 결심을 들어내 놓았다. 또 그의 〈흰 구름〉 중의 한 수를 들어 보자.

　　　솜꽃 동네
　　　예쁜이
　　　시집 간다네
　　　두웅둥……

　　　연지곤지 찍은 볼
　　　산 머리 가네

휘얼훨……

새파란
저 하늘 밑엔
어떤 도령 사오실까?

  이렇게 읊어서 그의 풍부한 상상력과 동심 세계를 그대로 나타내 주었다.
  앞으로 이 진실성과 순박성을 잃지 말고 예술성과 보편성을 아울러 갖춘 시인이 되어 주기를 바라 마지 않으면서 이 무사를 거둔다.

1972. 10. 3.
紫霞 山舍

## Contents

- 책 머리에 _ 월하 이태극 _ 3

## [1] 사랑의 장

14 _ 송골 서시
15 _ 나비
16 _ 나라
18 _ 수박
20 _ 당신
22 _ 오 월
23 _ 숲에서
24 _ 나만 가련다
27 _ 그날은
28 _ 분홍 우산
30 _ 고백
32 _ 체념
33 _ 가을 밤
34 _ 무덤 앞에서
37 _ 겨울 강변
38 _ 사랑과 미움의 꽃
40 _ 사랑은 감옥
41 _ 여자
42 _ 이별

Contents

44 _ 아내
45 _ 봉숭아
46 _ 아카시아
47 _ 애수
48 _ 소꼽 추억
50 _ 안녕의 실락원
54 _ 믿음 소망 사랑

## [2] 염원의 장

56 _ 해바라기 · 1
58 _ 임 생각
60 _ 기차
61 _ 통일호
62 _ 통일
64 _ 염원
66 _ 소나무 되어 살고 싶다

## [3] 자연의 장

68 _ 민들레

## Contents

70 _ 흰 구름
72 _ 봄
73 _ 황소
74 _ 제2 송도
75 _ 바위
76 _ 해바라기·2
77 _ 달
78 _ 벼
80 _ 토란밭
81 _ 박꽃
82 _ 석류

### [4] 한얼의 장

84 _ 춘향 편력
86 _ 한 마을
88 _ 자화상
89 _ 우리 처녀
90 _ 시인이고파
92 _ 부엌
94 _ 방석
96 _ 가야금

## Contents

**[5] 생활의 장**

- 98 _ 발가숭이
- 100 _ 골목길
- 102 _ 분수
- 103 _ 고갯길
- 104 _ 아가
- 105 _ 시장
- 106 _ 여우
- 107 _ 추위
- 108 _ 낚시
- 109 _ 초침
- 110 _ 귀처
- 111 _ 깜부기
- 112 _ 뾰족구두
- 113 _ 까치
- 114 _ 개
- 115 _ 쥐
- 116 _ 위치
- 117 _ 삶
- 118 _ 무교동
- 120 _ 명동
- 121 _ 일찍이는 안 잊을래

Contents

124 _ 농촌
126 _ 저 불이 뭐요
128 _ 산칠 교회

[6] 비극의 장

130 _ 전보
131 _ 상훈의 죽음
132 _ 푸른꽃 왜 졌나
134 _ 인창 참변
136 _ 철길 추억
137 _ 인간 부재
138 _ 남해 원가
140 _ 우리 큰 별
141 _ 단장의 남매
142 _ 죽어 하나 구한 진리
144 _ 인생 벌판

[7] 짚신사랑의 장

146 _ 짚신 · 1

## Contents

148 _ 짚신·2
150 _ 짚신·3
152 _ 짚신·4
154 _ 짚신·5
156 _ 짚신·6
159 _ 짚신·7
160 _ 짚신·8
162 _ 짚신·9
164 _ 짚신·10
165 _ 짚신·11
166 _ 짚신·12
168 _ 짚신·13
170 _ 짚신·14
173 _ 짚신·15
174 _ 짚신·16
175 _ 짚신·17
176 _ 짚신·18
177 _ 짚신·19
178 _ 짚신·20
180 _ 짚신·21
181 _ 짚신·22
182 _ 짚신·23
184 _ 짚신·24

## Contents

186 _ 짚신 · 25
188 _ 짚신 · 26
190 _ 짚신 · 27
192 _ 짚신 · 28
194 _ 짚신 · 29
195 _ 짚신 · 30
196 _ 짚신 정신

- 짚신사랑에 덧붙이는 글 _ 전규태 _ 198
- 「짚신사랑」의 뒤에 _ 최승범 _ 200
- 첫시조집 〈짚신사랑〉 지은이의 말 _ 오동춘 _ 203
- 짚신사랑 다시 쓴 지은의 말 _ 오동춘 _ 206
- 짚신 가르침 _ 208
- 〈짚신사랑〉 시집과 제2 흙의 문학상 수상 신문 잡지 보도자료 _ 210
- 팔순 축하의 글 _ 나의 60년 친구 오동춘 / 장수영 _ 219
- 팔순 축하의 글 _ 한글사랑의 큰 스승 / 이근배 _ 221
- 팔순 축하의 글 _ 내가 본 송골 시인 / 설성경 _ 223
- 팔순 축하의 글 _ 1975년 그날의 울림 / 김태선 _ 227
- 나의 송골 법대의 꿈 _ 오동춘 _ 230
- 송골 오동춘 해적이 _ 236

- 사진으로 본 송골 삶의 발자취 _ 241

# [1]
## 사랑의 장

〈송골부부 사랑열매 어린 삼남매 모습〉

## 송골 서시

박 제상 아내 같은
이 몽룡 생명 같은

짚신땅 박꽃 처녀
내 가슴 태양일레

살수록 피끓는 정을
죽도록 쏟겠습니다.

맘빛은 흰 국화요
꿈빛은 노랑 민들레

언제 봐도 저 하늘에
한점 흐림 안 뵈도록

스스로 반한 솔뼈를
핏샘 깊이 모시겠습니다.

사올수록 맑은 가난
행복 이치 일깨시네

어느 때고 먼저 생각
하늘하고 나라 겨레

뼈님들 얼 빛난 밭에
나도 빛씨 심겠습니다.

〈1971. 5. 24〉

# 나비

허이연 눈 다릴
너울너울 오신 손님

기다림빛 향내 고운
초록 집집 안녕 인사

파랗게 정든 하늘엔
잽싼 제비 꿈 누빈다.

흰 저고리 노랑 댕기
저 산너머 예쁜 처녀

꼭이 꽃가마로
철 따라 시집 오면

개나리, 매화, 진달래,
온 벌판에 신명 잔치.

밤 하늘 달 기울면
봇짐 싸는 저 아씨

고작 한철 꿈만 심고
훨훨 섭섭 떠나는가

잡아도
가는 저 님을
또 기다릴 슬픈 봄…….

〈1971. 3. 28〉

# 나라

1.
가시밭 천리만리
내겐 먼 길 아닙니다.

당신밖엔 모른 내 몸
뼛가루 날리도록

바쳐서 빛된 당신을
길이 보고지이다.

2.
흡혈귀 심지 삼켜
암흑 천지 왔다 합시다.

하늘 높이 밝히겠습니다.
활활 타는 횃불을!

어머니
우리 어머니

항상 앞서 지키겠습니다.

3.
흰옷 빛에 짚신 핏줄
가슴 깊이 새겨 안고

일편단심 불꽃 사랑
임을 위해 불태면서

계셔야 나도 있음을
땅 속 가도 안 잊겠습니다.

〈1971. 5. 21〉

▲ 도산 안창호(1878-1938) 74주년 추도식에서 추도시 낭독하는 오동춘 시인 모습(2012. 3. 10, 도산공원에서)

## 수박

1.
새파란 무늬 치마
몸매 동글 어여뻐라

몸사리는 저 부끄럼에
꾀임 눈짓, 낚시 손짓

하여도
짓붉은 속심

일편단심
성 춘향.

2.

꿈뿌리도 하늘 밭에
맘씨알도 하늘 밭에

저 높은 곳 고이 심은
내 꿈 내 맘 뉘 가지리

빨갛게 타는 꽃심지
일념으로 밝습니다.

3.
이슬 마신 순정빛이
할미꽃 속 되온 처녀

먼먼날 헤꼽으며
감춰 살은 속 신비를

알고파 숨질 이 있어도
뵙게 할 님 따로 있다.

4.
밝은 수풀 속은 태양
묏새소리 남직하고

깊은 산골 숨어 졸졸
물 노래도 들려 올 듯

뿐인가
호젓한 둘이

숨결 뿜는
꿈소리도…….

〈1971. 6. 18〉

## 당신

얼마를 피저리게
사무쳐 왔기, 단 한번

단 한번 말입니다
모닥불 피는 가슴

힘내 본 수줍은 용기
「당신」 불렀으리요

지금
울고 있습니다
홀로 태우는
할미꽃 마음

생각사록 해 모습
못견디게 그립사와

허공에
퍼지는 꽃이름
「당신」입니다.

정이 수놓이는 다리
건너 가지 말 것을!

이토록 애타도록
사무칠 줄이야!

아! 오늘~
~도
부끄러이 띠우는
이름 「당신」입니다.

〈1968. 4. 21〉

▲ 한글날 국경일 승격 축하 짚신시화전에 오동춘 〈얼굴〉 시가 쓰여 있고 류은자 화백 그림이 예쁘게 그려 있다.(2006. 9. 혜화역 전시실에서)

## 오 월

난초 데리고 오신
아! 살풋한 당신

야단스레 그리워
타는 가슴 안기고파

모닥불
활활 핍니다

아픔 겨운
골짜기에서.

아카시아 향내 싸여
아! 아름다운 당신

생각
꼬옥이 접어서
기다림에 넣고

모습은
심었습니다
꿈이 피는 꽃밭에.

⟨1971. 7. 14⟩

## 숲에서

옷벗은 숲 사이로
옥빛 짙은 가을 하늘

걷이철 조려 맞은
낭자 신방 꽃걸이에

한 조각
도려 떼다가
거울삼아 걸었으면

이름 모를 새 노래에
벗은 나무 춤추옵고

옥거울 속 비친 달은
비파 안고 소복 단장

낙엽만 오돌돌 떨게
가는 철이 한스럽다.

〈1971. 10. 6〉

## 나만 가련다

푸른 슬픔은 사치
황해 한 섬 미쳐

빠질 청솔인들
차마 알질 말걸

되돌아 뒹구는 자리
멍든 심장이 뛴다

멋처럼 꺾여간
한송이 솔꽃은

낯선 딴 섬에 피고

한밤 고뇌가
각고하는 미련은

지난 일
지는 잎처럼
팔랑팔랑 넘기면

수정빛 물줄기
줄줄이 볼에볼에

쏟아지는 흐느낌
이러고 싶지 않았다

악무는 두 입언저리
체념이 씹히고 있었다

맑은 하늘에도
익지 못할 능금이면

그래
직각으로 돌아 서마

도야지 팔딱거리듯
잘 달아날 네 무릎

씨근 부러져 우는
후회쯤은 생각밖이라

서릿발처럼
싸늘한 매정이면

늘 기도
할께! 미친섬 피는
행복! 뜨건 슬픔을

경인선 우는 날은
제제발 두고 가라

소나무 송자(松字)
네겐 아까운 그 글짜

시방은
내 슬픈 고독
쓰라려도 나는 좋다.

성난 물결이
속삭이는 해안 길

인간이고 싶지 않는
나만 나만 가련다.

미안하다
저주섬 안 뵈는
이별 길
나만 가련다.

〈1961. 10. 12〉

## 그날은

그 날은 비가 왔습니다
내가 간 그날은

비가 왔습니다
그대 찾던 그날은

기다림 텅빈 의자뿐
꽃핀 고독이 아팠습니다

그날은 비가 내렸습니다
가슴 촉촉 이슬 맺던 그날은

당신 무지갠 없었습니다
안개 슬픈 그날은

비젖은 행여 발길만
종일 외롬을 헤맸습니다.

〈1972. 7. 16〉

## 분홍 우산

우산이 간다. 분홍 우산
실비 속 홀로 간다

어느 새 나비 한 마리
짝이 되는 그 발길에

엮이는
거리 꽃가슴
분홍보다 더 빨갛다

밀려 오던 고독 물결
분홍 울밖 되밀리고

외롭던 겨울 나무
사랑잎이 파릇파릇

순진해 뛰는 두 심장
태양같은 용광로

아늑히 좋을 꿈 따라
곱다란 분홍 우산
잘도 가는데

샘난 실비 개여 들면
우산 접고 별밭 가리

부럽다!
둘이 두 눈매
이글이글 타는 꿈.

〈1971. 6. 28〉

▲ 일제 강점기 "한글이 목숨이다" 외치며 우리 말 글얼을 함흥 감옥 3년 옥고까지 치르며 잘 지킨 한글학자 최현배 박사 모습.(2016. 여름 울산 외솔기념관 앞에 선 모습)

## 고백

멀리는 바다가
눈에 파아란 절영도

어느 테이블
마주 앉은 얼간이

애타던 사모 슬퍼서
퍽 깨문 무명지

순정의 핏방울
후뚝뚝 강이 되어도

싸늘한 눈초리
서슬 고운 가시내

안돼요!
저울에 현실만
계산하고 있었다.

아! 빛잃은 머리를
담벽에 마구 부딪고

쓰러져 죽고픈
비정의 사나이

앞길에
피를 뿌리며
허청허청
걸어가고 있었다.

〈1960. 9. 27〉

▲ 헐버트 박사 67회 추도식을 마치고 산소에 가서 묵념을 했다.(2016. 8. 12 양화진에서)

## 체념

그럴 줄 알았다
알고 있었다

지금
찔린 가슴은
강물

싸늘한 잊어의 꽃이
강둑에 만발하고 있다

싫어의 화살
꼽고 간 그 가슴에

미워의 화살
되돌려 꼽아 주고

오늘은
흰 도화지에
나만 앉아 있었다.

〈1960. 12. 31〉

## 가을 밤

늘어진 달 창 엿볼 때
잠을 잃고 뒤척뒤척

귀 아픈 벌레 울음
가슴 후벼 피를 냈기

책상앞 다가 앉아서
펜 든 머리 곰곰 생각

사색의 외길 따라
먼먼 꿈만 휘모는데

상기도 백지 위를
멍든 생각 오락가락

그 어디
실마릴 잡고
긴긴 사연 써 볼까?

펜보다 먼저 훨훨
감나무골 찾은 생각

반주개미 차린 뜰에
옛꿈 솔솔 캐누빌 때

공연히 백지 앞에서
한 줄 못쓴 가을 편지.

〈1970. 10. 3〉

## 무덤 앞에서

네가
내게도
하나의 의미를
주고 간 여기

서리 묻은 인정에
피가신 눈망울이

이제사
너 앞에 다가
서나 보다.

지금처럼
허전히 돌아가는
강물 소린
들어 못본 나

그처럼 가슴치던 노도가
뼈마디에 부딪힌

조약돌 부대끼다 간
저— 피안의 잠자리
바로 여긴가?

꽃순정
입맞추고팠던
입술 빨간 가시내는

콧대만 파둥거리다
네앞 싸악 돌아 선

그 아픈
달력은 흘러
이젠 오네
여기, 보금자리로.

아픈길
후회길을

골라 밟고 오는
가시내도 주름살

궂은 가을비
비석 씻는 네 앞에서

쏟는다 절절한 눈물
하지만 때늦은 저녁

어둠이 포장된 주위를
가슴 등불 밝혀 두고

아직은 돌아서는
이 길손이 서럽구나.

가시내 너도 나그네
예정진 따로 있다.
가자! 어디론가.

〈1960. 1. 11〉

▲ 동대문역사문화공원역 짚신시화전 전시실에서 〈짚신정기와 게다〉 오동춘 시인의 시화가 걸려 있다. 사진은 오동춘(왼쪽), 신승자 시인(오른쪽) (2011. 9. 27)

## 겨울 강변

칼바람 매선 한강
달빛도 얼어 붙다

옷뺏긴 가지가진
밤새 떨어 슬퍼라

뚝에만 용광로 한쌍
숨 끓길 듯 타고 있네.

숨 가쁜 태양
뚝에 밝은 한밤

짝잃은 별이별이
쏟은 눈물 얼음꽃

부러운 봄 사랑꽃은
뚝만뚝만 폈어라!

〈1971. 10. 2〉

### 사랑과 미움의 꽃

텅 빈 방 홀로 누워
허전히 내 뻗은 팔

쓴 고독 끌어 마셔
밤새 가슴 앓아도

행여나
기다린 문껜
문풍지만 떨었어라.

가랑잎 가슴 불질러
내가 다 탄 한 꽃이

장미 가슴 피기커녕
바람 앞에 목부러져

지금은
금고 속에서
마이 다스 끝아내

숨죽은 꽃가슴
푸름 한탄 있으리까?

예처럼 되피려도
줄기 팍팍 얽었다

뼈없이 꺾여 간 꽃
갈곳 있다 하층 지옥.

정원직이 꽃순정
천년만년 앓을망정

하얀 속심 벌레 먹힌 꽃
잊자! 잊자! 하면서도

밤이면 그리움 열려
피를 쏟는 나날이여!

〈1963. 12. 1〉

## 사랑은 감옥

정은
유리알
맑다

가슴은
따듬이 순정
뛴다

정열은 용광로
끓는다
펄펄 끓는다

괴로움 오고 온대도
들어 가리 사랑 감옥.

〈1963. 9. 5〉

# 여자

비너스 골짜기
솔숲 욱은 하늘엔

미인 눈썹 반달이
새하야니 정을 쏟네

이 고향
인간 탄생지
젖을 알던 신비지대

한 심장 사랑 없인
신도 못갈 꿈속 낙원

오르고 가고픈
지팡인간 이 절정

뜨거이 찾는 숨결들
온 누리도 다 태울 듯

따론 두 길을 가노라면
만나지는 산 허리에

신이 몰래 파놓은
샘이 하나 숨었다

숲덮힌 그 샘 넘쳐 흘러
새빛, 새꿈 늘 낳는다.

〈1972. 5. 19〉

## 이별

쌍그랑 짜른 칼에
푸른 물 후뚝뚝

쏟아지는 창 너머
드높은 저 하늘

슬프다
가슴 핀 메아리

이유는
고독이었다

능금처럼 익어 가던
오솔길 순정이

무의미로 아늑히
돌아가는 피안에도

있으리
정녕 피어 날
한떨기 슬픈 꽃이

눈 언저리
이슬이 말라 붙은

너무도 피곤한
가뭄의 이별은

저 멀리
흘러 가노니
안녕!
아름다움이여!

〈1961. 9. 12〉

▲ 만주 용정중학교 교내 윤동주 기념관에서 사진설명을 듣는 오동춘 시인(1995. 7. 17)

## 아내

좋았다
고왔다
밝은 내 눈에

골랐다
뽑았다
30억 벌레 중에
오직 내 사람

잊히랴!
번개틈인들
내 가슴
태양이!

아팠다
낳았다
사랑같은 고운 핏줄

기쁘고 고맙도다
주께 비는 절절 기도

둘이는, 뜨건 우리는
영영토록 한몸꽃.

〈1971. 10. 8〉

## 봉숭아

내가 울밑을
다가 서면

무척도 뵈오소롬
곱장던 그 손이

발가니 눈에 서리는
그리움

때문에
기쁜 하늘을
슬피 보는
내 맘이여!

멍멍이 반겨 맞던
꽃댕기 간곳 없고

철따라 꿈이 빨간
꽃잎은 내 가슴에

폈는데
멍든 마음은
울을 잡고 울어라.

⟨1971. 7. 9⟩

## 아카시아

내 솔꽃이 보내 온
코 천만리 스며드는

아! 그윽한 꽃향기
비단 꿈이 엮이고

잡고픈 꽃송이 멀어
눈물 얼룩지는

아카시아
꽃.

내 솔꽃 보드란
살결 묻은 잎잎이

인두질 정성 간 듯
새파라니 알뜰해

임 얼굴 어루만지듯
입맞추는

아카시아
꽃.

〈1962. 5. 30〉

# 애수

홀로 피워 둔
한 그루 솔꽃이

이처럼 못견딘
그리움
마음 보채 가는

대문간
백일홍 전설
따라 기다림
눈길을 심는다

캥가루처럼
사연 부푼 우체 가방

하루하루 징역처럼
맞을 맘은 아파만지고

어느새
밀리곤 하는
노을은
늘 두 볼의 애수.

〈1962. 5. 18〉

## 소꼽 추억

이마 쇠똥 새까마니
살던 마을, 말내 섬말

꿈도 고운 비단 추억
별밭처럼 심어 뒀기

가슴은 고향 못잊어
안고 사는 그리움

물 피라미 정다운
시냇가에 모여 앉아

가위, 바위, 보
이김, 짐끼리

시집도 장가도 갔던
아! 소꼽부부 보고파라

내 아내로 맞은 갑니
얼굴조차 곱살스러

돌로 신방 차려 놓고
여보 당신, 귓말 하니

타는 듯 낯빛도 붉어
햇님같던 내 색시

지리산 정문은 나무

돌새 끼인 냇가 헤매

땔나무 한짐 해서
내 집 찾아 대문 열면

그 사이 돌아가 생겨
아내 등에 업혀 앙앙

새금파리 다듬은 그릇
수부룩이 모래밥 주면

알밤 껍질 숟갈 해서
막 퍼먹던 엄마 아빠

아가는 잠을 재우며
마주 누워 싱글벙글.

구김없이 정 맺힌
벗들 심히 다 그립다

어디 뿔뿔 따로 살까?
다시 모여 살고 싶네

돌아간 엄마와 살까?
아빠 내가 안보고플까?

※ 말내 섬말 : 경남 함양군 소재 馬川面 島村을 뜻함.

〈1971. 3. 7〉

## 안녕의 실락원

갈것! 그것이
시들어 떠나는
슬픔이여 안녕!

하필이면
매정한 봄눈이
되삶에 차거운

이 날은
그 더욱 애탄
기다림
생각 아픈데

저희끼리 웃음 피어
사라지는 발길소리

또닥 또닥 또도닥
얇은 눈길 밟고 가니

신경질 곤두선 가슴
별이 핀 창
다 깨버려

허전히 피해 받은
냉기 서린 그늘에서

행여 아쉰 미련
원망도 가냘픈

숨결은 마냥 흐느끼며
응시한 허공에
뭘 찾는가?

조약돌 새로 그리워
진주 비늘 귀에 우는

바다로 바다로
분발라 떠난 꽃송이

여기선
파악 시든 향내
저울도
영점에 와 있다

뎅그렁 교회종
누굴 위해 울었던가!

무릎 떨던 종 여운도
꽃가슴 비껴 서면

깡그리
엄숙을 잊고

빠져가는 유혹의 강

절망에 팽글
미친 얼간 물어 본다

어딜가? 응!
안타까이 묻고
되물어도

얼음이 뿌려진 표정
영영 대답은
죽어 갔다.

아~ 산산이 부서진
알았던 그 그런 날의

바윗돌이 우우~
이 바람에 날린 거리

대문밖
찾아 온 계절은
금이 간
새봄

청노루 껑충한
뜀으로

후회 없는 그날로

뛰어라! 한사코
마구 뛰어 달아나라

배부른 악어 입으로
뛰어 가는
저 꼴아!

병든 청솔이
이율로 퇴색하는

안녕의 실락원
홀로 선 인간은

돌인 채
곧은 돌인 채
천년 화석이 된다.

〈1962. 4. 3〉

## 믿음 소망 사랑

사랑은 오래 참고 사랑은 온유하며
투기하는 자가 되지 아니하며
사랑은 자랑하지 아니하며
교만하지 아니하며(4절)
무례히 행치 아니하며
자기의 유익을 구치 아니하며
악한 것을 생각지 아니하며(5절)
불의를 기뻐하지 아니하며
진리와 함께 기뻐하고(6절)
모든 것을 믿으며 모든 것을 바라며
모든 것을 견디느니라(6절)
그런즉 믿음, 소망, 사랑 이 세 가지는 항상 있을 것인데
그 중에 제일은 사랑이라(13절)

〈고린도전서 13장 4-6, 13〉

# [2]
## 염원의 장

▲ 서울 강서구 화성교회 개척하신 장경재(1918-2001) 목사님과 제주 협제굴 앞에서 송골과 찍은 사진이다.(1988. 6. 20. 제주 협재굴 앞에서

## 해바라기·1

1.
밝은 임 잃은 세월
피울음 콸콸 쏟고

숨진 꽃이파리
되삶 기원 한이더니

뜨겁다!
가슴 뜨겁다!
팔월 해에 눈 뜬 꽃

2.
모국어로 즐긴 하늘
헤살 구름 끼어 들고

섰던 땅 둘로 짝
쪼개지는 바람 불다

피끼리 피강물 이룬
유월 증인 눈부릅뜬 꽃

3.
곰팡이 일던 거리
의분 솟던 책가방

아람드리 독버섯

뿌리 뽑은 그 핏방울

알알이 얼룩진 이꽃
우리 청사 빛 전할 꽃

4.
햇빛은 북에 없어
한 모서리 병든 꽃.

그 슬픔 달래보는
횃불덩이 왈칵 솟아

오월의 붉은 태양에
희망 밝은 기도 꽃

5.
싱그런 줄기줄기
짚신땅에 뿌리 박고

잎마다 나라겨레
참사랑에 불타 있네

이 산하 무궁 행복을
두손 비는 저 기원 꽃.

〈1967. 12.〉

## 임 생각

그리움 먹고 사는
우주 안의 한 벌레

고개 저면 저을수록
더더욱 생각힌 사람

일초도 아니 멈추고
머릿속에 꽂혔습니다

기다림
이시린 입을
석류처럼 벙긋 열고

가슴 밝은 박꽃 수줍음
볼에 감춘 대문간에

오시 올
당신은 없어
달빛도 차갑습니다

포은, 매죽헌, 충무피
그넋 뿌리 본떴기

한번 옳다! 정한 마음
태양인들 꺾을손가!

찬 서리 눈비 세차도
정존 더욱 곧습니다

오히려 직녀라면
칠석 꿈에 연연 살지

오신다! 기별 아득해
임생각에 겨울나무

홀론 채 떨어 사는 나
봄을 언제 주렵니까?

〈1971. 6. 5〉

## 기차

검정뱀 한 마리
내닫는다 성난 밤길

산 놀라 들 놀라
쓱쓱 비킨 분노 길을

용처럼 힘찬 기세로
벼락처럼 구불구불

까짓 끊긴 다리 강쯤이야
풀쩍 뛰어 건너겠지!

한사코 혀 빼 물고
북향뱀이 치닫는다

앓던 꿈 염원 체증을
종점에서 풀 각오로.

〈1971. 10. 1〉

# 통일호

꿈 부푼 맘이 급해
비호처럼 치닫다

벼락처럼 허리 막혀
기적 쏟는 그 울음에

높은 산 넓은 벌판이
다 잠길 듯 슬펐어라

녹벌건 쇠길 가엔
해묵은 잡초 욱고

못박힌 정거장엔
망향 꿈이 핏빛 노을

맴돌던 학만 한 마리
저산 너머 훨훨 간다

발묶인 열차 앓아
길손 함께 다 병들어

저립도록 비는 염원
연이 되어 날아 오면

감격에 목맨 기적도
방방곡곡 다 누비리.

〈1958. 12.〉

## 통일

연년 낙엽
울음 쌓고 간
속아살이 한 깊은 땅

쪽빛, 한 지붕을
백운 절로 오락가락

발묶인 말뚝 겨레야!
고비 언제 풀리련

뜰 목련 슬픈 봄은
가슴앓이 심한 저쪽

그 언제 벽을 헐고
햇빛 쏟아 고치울까?

생각이 생각 낳는 밤
살이 열근 내렸다

꿈에나 성큼 올까?
밤낮 멀은 천리 발길

축지법 알았더면
임들 하마 만나 만나

한 깊이 서린 가슴들
봄이 한창 꽃 필 걸

당신께서 한 마리
송아지나 되오시면

고삐 줄 삼가 모셔
내 주소로 당기련만

애답답 쏟아지는 건
피도 서린 한숨 뿐

저 하늘 헤살진 구름
햇볕 잔뜩 가렸어도

간밤 꿈 한 비둘기
임잎 물고 곧 온다기

다시금 젊은 맘으로
보고 보는 대문간.

〈1971. 10. 23〉

## 염원

1.
한쌈 바늘이
가슴 콕콕 쑤신

형벌 흘러 이칠년
동이 동이 쏟아진

피 강물
멈출 봄빛은
그 어디에 오실까?

2.
갈기 갈기 흩찢긴 살
기워 아물 꿈은 멀어

오늘토록 눈빠지게
저기 본 하늘엔

둥실 뜬 흰구름 떼만
산을 넘어 훨훨 가고

3.
천발만발 긴긴 줄에
발이 꽁꽁 못박힌

바위꿈, 한 맺힌 가슴
이제 얼음 풀리련지?

캄캄한 철벽 사이로
빛이 하나 새 든다.

〈1972. 9. 21〉

▲ 철원 월정리 역에서(2012. 4. 29, 짚신문학 기행 중에)

## 소나무 되어 살고 싶다

인생은 아침 안개 이슬 아닌가
한줌 흙과 재 허망하기 그지없다
제 암만 발버둥쳐도 삶의 한계 진리다

비록 알몸 흙에 가고 재 되는 슬픔에도
부활 소망 생각하면 힘이 불끈 솟는다
잠깐만 잠자다 깨는 믿음 절대 필요하다

숨지면 내사 불속 가기 전혀 싫다
흙이불에 잠시 잠자다 다시 잠깨면
한 그루 소나무 되어 길이 청청 살고 싶다.

〈2016. 4. 7〉

# [3]
## 자연의 장

▲ 오문달, 하석임 부모님 산소 벌초를 마치고 5남매가 왼쪽부터 차례로 서 있다. 오동춘, 오동해, 오동희, 오성희, 오상회 5남매 모습.
(2009. 5. 8. 경남 마천 도촌 부모님 산소에서)

## 민들레

오래 묶인 종살이
힘껏 박차 풀린 듯이

하늘 훨훨 맘껏 가다
향내 따라 들린 흙집

잠 한숨 깊은 꿈속을
나비 찾다 깬 봄에

다 오셨네! 다 반갑네!
푸름 싱싱 누빈 옷들

벌써 차린 꽃잔치는
천리 벌판 눈부시고

그 하늘 흥겨운 노랜
왼종일을 지지 배배

그 좋던 누리 벗들
바람 따라 빛바래니

다시 또
홀론 내가
가슴 깊이 씹는 고독

그 어디
따로 살아도
매여 살진 않을 뼈.

〈1971. 3. 28〉

▲ 565돌 한글날 기념 짚신문학회 시화전 모습.
　(2011. 9. 27-10. 31일까지 개최함)

## 흰 구름

솜꽃 동네
예쁜이
시집 간다네
두웅둥~

연지 곤지 찍은 볼
산 머리 가네
훠얼훨~

새파란
저 하늘 밑엔
어떤 도령 사오실까?

벙싯벙싯 웃음 띠는
햇님 손뼉
짜악짝~

새희연 조각 달님
새침 얼굴
눈물 그을썽~

해달님
웃고 우는새
덩실 갔다!
산위 꽃가마

무지개는 하늘 다리
비만 오면 놓는 동네

그 다리 줄줄 타고
사모관대 차린 도령

하마는
오셨을세라
저리 바쁜 꽃가마.

〈1971. 5. 18〉

▲ 경북 영양 조지훈 시비 옆에서 송골(왼쪽), 오동해 형제 모습(2018. 9. 13 영양에서)

# 봄

1.
개나리, 진달래
나비 등에 훨훨 왔다

억만가지 꽃잔치에
멧새 들새 초대 받아

춤 노래 한데 엮으니
베토벤 교향곡

2.
실실이 초록 버들
머리 느린 연못 안

팽그르 시를 낳는
소금쟁이 맴도는 양

부러워
넋뺀 흰 구름
노래 한곡 듣는다

음매~~.

〈1972. 4. 10〉

# 황소

대낮빛 밝아온다
하나 맘이 어둔 죄수

벌렁 두 코에서
뿜어지는 긴  한숨

코뚜레 멍든 눈망울
먼 하늘에 음매~

풀을 먹고 어진 맘씨
참아 사는 하고한 날

고삐 따라 고역뿐
헤 날 길은 바이 없어

우러러 하늘에 하소,
고개 들고 음매~

〈1970. 9. 13〉

## 제2 송도

방파제 거닐면
부서지는 파도소리

정기선 배 한척이
정오를 떠나 가고

수평선 꿈 핀 하늘엔
한가로운 흰구름

짜릿한 갯바람
콧속 깊이 스민 바위

머리카락 치맛자락
휘날리는 한 여인을

갈매기 제 먼저 탐내
빙빙 도는 바다여!

〈1972. 7. 5〉

## 바위

매무새 흐트럼없이
천년 흐른 수줍음

멀리서 반한 파도
소리 쳐 온 하세월

답답한 푸른 가슴을
쉬임없이 출렁출렁

스스로 굳힌 위치
비바람에 변화 없이

파도야 다 스러져도
오직 남을 의지빛

한결로 입다문 속뜻
묵직 청산 아는 듯

새침하다 비웃지 마오
속이 타는 불꽃 처녈

천년 닫힌 가슴 열면
온 바다가 다 타리

저 규수 시집 언젤까?
하늘 눈이 파랗다.

〈1970. 9. 18〉

## 해바라기·2

호리빼빼 키다리
고개 훨끔 뭘 봐요?

몽올몽올 꽃핀 얼굴
훔쳐 보는 다리아

발갛게 타는 젖가슴
뭉클뭉클 보는 게지

너덧뻠 담사이
천리런가? 만리런가?

태양같은 꽃불 가슴
다리아도 한가진데

훅 건너 저님 못 만나
노랗게 병든 키다리.

〈1972. 5. 18〉

# 달

높푸른 꿈 샘맑은 얼

우리 가슴 사는 물결

그 물결 널리 펴니

가을 바다 청비단

그 속에 둥근 꽃무늬

덩실 밝은 우런님.

〈1970. 8. 12〉

# 벼

속푸름 영근 비밀
행여 남 엿볼세라

쓸안은 부끄럼이
주렁주렁 무거워라

아야라 조심인 치만
살랑 바람 둘치려네

입아문 아씨 고개
숙은 뜻을 모른 참새

허수아비 줄을 타고
찌찌짹짹 씨끄려도

지며리 꿈 잠긴 가슴
하늘말곤 다 모르지

농부 쏟은 비지땀
밑거름인 옥토 고향

맘뿌리
깊이 박고
한결 같은 저 기도

시새워
뛰던 메뚜긴
다리 뎅겅 부러졌네.

〈1970. 10. 14〉

▲ 하석임 어머니와 맏아들 송골이 함께 찍은 기념사진(2002. 7. 18. 공태정 병곡면장실에서)

## 토란밭

달님이 몰래
양추질 하다
뱉은 물방울

청개구리 펼쳐 놓은
우산밭에 떨어지면

또르르 또르 또르르
구슬처럼 밤내 재준
물방울

누나 별 저 멀리
시집 가며 뿌린 눈물

알씨러 받은 우산
청개구리 지키는 밤

서산집 잠든 햇님은
청개구리 꿈을 꾸었다.

〈1970. 10. 15〉

## 박꽃

대사립 열린 집
삽사리도 잠 깊은 밤

달빛에 닦긴 몸매
살풋 웃는 그 볼 속

임만이 알을 꽃 비밀
오색 영롱 무지갤까?

구름 서린 산 봉봉
병풍 삼아 둘러 좋고

청실홍실 수놓는 밤
소복 가슴 부풀어

탐내고 훔쳐 본 이는
저 박속에 흥부님.

〈1971. 10. 3〉

## 석류

굳이 높이높이 울 높혀
살 것 없지.

좀 터 놓고 삽시다.
허연 이빨 하하~ 웃네

그늘진 어둠 사려야
곰팡만 핀대나

멍든 구름을
태양에 다 맡기고

오로지 발그랗게
익혀 온 진실 열매

창공에 주렁주렁한
가을 행복 하부러워.

눈앞은 코앞인 주제
계산 저울 떠나 살라!

하늘앞 맘 가리고
어찌 이웃 사랑 할까?

저리도 알알인 평화
우리 뭉쳐 배우자.

〈1971. 9. 8〉

# [4]
## 한얼의 장

▲ 우리 압록강 중국 단동에서 찍은 사진. 오동춘 시인이 서 있다.
(2015. 6. 24)

## 춘향 편력

짚신 꽃발 하늘 박차
임 눈길에 낚이었네

열 여섯 호수 가슴
뜨건 무늬 누빈 임

대문턱 닳고 닳도록
등불 세워 오간 밤

붉은 깨꿈 청명한 날
청천벽력 떨어진 말

둘이 하난 살과 뼈를
멀리 쪼갤 연연 비극

넷 눈에 솟구친 폭포
오작교를 넘쳤네.

백골에 새긴 반달
죽음 넘은 생명빛

가죽발에 밟힐수록
숨이 세찬 짚신맘

이 나라 지조 거울을
푸른 하늘에 걸었다

짚신맘 깨친 장부
가죽발 넋빼 놓고

정한수 치성 바쳐
오늘빛 주신 장모

임 함께 가마 모시니
해도 다시 웃더이다.

〈1970. 9. 18〉

## 한 마을

이땅 맘빛은 솔밭
울 둘린 한 마을

높이 걸린 밝은 임은
우리 마음 등불일레

까치도 우는 아침엔
둥근 손님 반갑고야

바지게 논들 가면
샘가엔 물 긷는 소리

땅속 뼈도 꿈틀대는
마을 일손 부족ㅎ구나

죽어라!
일뿐인 동네
피땀 열매 늘 컸어라.

감꽃 피는 담장길
황소 가는 들밭길

만나는 이웃끼리
오순도순 정나눌 때

꼬끼요~
멍멍~ 음매에~
풍년가도 우렁차다

핏줄도 한 핏줄
마을도 한 마을

생기 넘친 나라꽃은
뜰에 집집 피고지고

애호박 뒹구는 마을
사람마다 행복 철철

솔얼, 짚얼, 한데 얼려
한얼 수논 한 마을에

밖바람 딴 바람에
제 꼴 잃고 넋빠진네들

동구밖
저 멀리 쫓고
짚신뼈만 뭉쳐 살자.

〈1971. 3. 30〉

## 자화상

두메산골 빈농가
어진 머슴 맏아들

산을 보고, 하늘 보고
샘물 먹고 자라면서

짚신이 우리 빛임을
일찍부터 안 서민

하늘 빛 푸러르면
내맘 빛 늘 푸러져

병든 은행잎들
눈꼴 시어 멀리 사니

뿔난 맘 홀론 내집엔
그 언제나 피는 고독

매죽헌 독야청청
흠모 깊은 내 마음

스스로 나는 송골
솔뼈답게 살고파

맷돌에 불의 갈면서
빛삶 엮어 보리라.

〈1971. 6. 17〉

## 우리 처녀

장독간옆 코스모스
키를 넘는 사립문께

막 길은 물동 이고
들어서는 행주치마

수줍음
물든 두 볼 빛
댕기보다 더 붉어라

일 때처럼 내릴 때도
동이 물이 찔끔 넘쳐

빗물처럼 이마 타면
쓱 훔치는 그 손매

몇 만번
죽어 깨어도
이땅 말고 없을 멋.

〈1972. 6. 21〉

## 시인이고파

꿈속도 시가 뜨는
내 가슴 골짜기

청빈 자랑물결
철철 먼쳐 시원ㅎ구나

남이사 어찌 말하든
나는 나는 시인이고파

시빛 밝은
이길, 이 참길이
생명길이다

하늘 주신 삶방향
감히 어겨 살오리오?

갑니다
발 아픈 가싯길
안 아프다 참으면서

씨뿌린 시밭
파릇 움돋는 빛씨앗

한 목숨 바쳐 바쳐
하늘 향해 뻗치도록

내 영혼 밑거름 삼아
가꾸리라
푸릇푸릇 푸르게.

〈1971. 5. 2〉

▲ 제27회 외솔상(공로부문) 받은 오동춘 시인, 안송희 권사 부부 모습.
 (2005. 10. 19. 프레스센터에서)

# 부억

행주치마 앞자락
부끄럼 꽃핀 정지

해묵은 끄스름
거미줄에 그네질

숭늉솥
구수름 정은
흙집 방방 수 놓였고

숫색씨 정성 쏟아
밥상 차린 부엌안

한아름 장작 안고
성큼 들온 꽃서방

억센 팔
으스러지도록
임껴안네 부끄럽게

물방아 담밖 멀리
빙빙 도는 우리 부엌

우둑우둑 솥 문댄 물
펄펄 끓는 색시 사랑

_ 오동춘 첫 시조집(1972)

한사발
쭈욱 마신님
배가 벌떡 일 나간다

배꽃 아씨 알뜰 살뜰
살림 해온 우리 부엌

달이 볼까? 별이 볼까?
젖숨기는 치마 고향

한사코
그리운 사연
우리 말고 뉘 알리까?

〈1971. 6. 28〉

## 방석

아니!
아니라니까요!
태양에 타버린

몰염치 당신은
앉을 수 없어요

떠미는 우리 손길이
한사코 쫓는
이방인

오로지 신념의 싹
곱게 크는 우리 영토

번지 다른 엉덩이
손톱 긴 나그네가

주제넘게 덤비는 자리
정녕코 내모는
우리 맘

잠깊은 누에 두고
임 함께 뽕 딴,

골목길 물동이
수줍음 휘 감긴,

울 치마 고운 몸매만
맞아 누릴 우리 방석.

〈1970. 10. 13〉

▲ 송골 장로는 합신교단 전국 장로회 수련회 강사 김동길 연세대 명예교수와 아내 안송희 권사와 함께 사진을 찍었다.(2009. 8. 20. 경주 고모도 호텔에서)

## 가야금

가야 숲 그늘
가람 잠긴 기슭에서

때 묻은 귀 가시고
달빛 속에 임 찾을 제

포근히 가슴 헤치며
젖어 드는 가락이여!

잊고 산 어제 수치
오늘 깨친 두눈 앞에

한껏 고와 매만지기
심장 뛰는 열손가락

분주히 오가는 줄엔
즈믄 옛꿈 되핀다.

머귀 나무에 봉황 한쌍
금술 수 놓는 밤

외기러기 해묵은 밭
시름이랑 따독일 때

울 각시 소복 단장은
가얏고만 얼만지네

〈1970. 10. 13〉

# [5]
## 생활의 장

⟨송골 부부 루마니아 선교사 오혜림 딸과 함께⟩
(다뉴브 강가에서)
⟨1997. 2. 27⟩

## 발가숭이

1.
하필은 닮고픔이
빠알간 사과빛

보드런 저 신비
부끄럼 다 들랐다

감춰야 아름답던 곳
태양 앞에 저럴 줄

2.
정깊은 임앞에도
말을 못해
입만 벙긋

우리 핏줄 꽃 수줍음
어리 훨훨 사라졌기

밖바람 거센 벌판엔
치마 잃은 다리뿐가

3.
밝은 해 늘 뜬 하늘
그밑 술술 다퉈 벗고

십작밖 네 활개로
헤엄 누벼 가는네들

네 옷도 내팽갠 사철
가슴 미쳐 사는구나.

⟨1971. 5. 14⟩

▲ 루마니아 선교사로 나간 오혜림 선생이 어린이들을 지도하고 있다. 사진 맨뒤 앉은 분 오혜림 선교사.(1997. 겨울 루미나이에서)

## 골목길

보았다! 이른 아침
손 시린 책가방 들고

문턱 없는 대문을 나선
까칠한 소녀의

눈에서 뚝뚝 떨어지는
그 슬픈 눈물을!

마른 가슴 바늘 쑤시는
어버이 타는 심정

역겨워 빈 주머니
투정 했더니

소녀는
매선 눈초리
머리 떠 올라
울음만 쏟다 나온
골목길

어느 대문간에
울리는 메아리

아주머니
밤좀 주세요
네에 -

이 노래가 들리는
소녀 등뒤에
햇살이 퍼져 온다.

〈1961. 4. 9〉

▲ 오동춘 시인이 지은 〈루마니아의 봄〉 시 낭송을 하고 있다. 딸 오혜림 선교사가 루마니아 말로 통역해 읊고 있다.
(1997. 2. 24. 루마니아 갈라츠교회에서)

# 분수

하늘에 받은 벌
맑은 샘에 가서 씻고

고쳐진 한 맘으로
일구월심 치빌어도

하야니
떨어지는 눈물

속죄 솥에
다시 끓네.

하늘밖 쫓겨 나면
다시 가기 어려왜라

죽도록 죄 닦으면
하늘 그네 내려 올까?

꿈빛은 끊이지 않아서
한결 비는 저 기도여!

〈1972. 4. 12〉

## 고갯길

등줄기 땀 철철
강을 이뤄 내리는 밤

달마저 뺏긴 길
낯선 첫길 헤매 돌 때

먼데서
짖는 개소리
사람인 듯 반가와.

돌부리 걷어 차며
엎어지고 고꾸라지며

범, 도깨비 숨은 숲길
반딧불도 어지런데

그 오직 이웃 도우러
기어이

밤에 넘은
고갯길.

〈1970. 8. 27〉

# 아가

네 앞에 서면
오금이 저려 든다

옷깃도 다시 여며
묻은 먼지 삼가 턴다

해처럼
환한 그 얼굴
어둔 가슴 밝히누나

샘물 속 깊이 담거
어른 손 다 씻어라

천사 같은 저 얼굴에
흐린 마음 제 빌게

무지개 고운 아가꿈
조심조심 가꾸자.

〈1971. 1. 30〉

# 시장

1.
살아야 할
조약돌 언어들이
거칠게 밀리고 있었다

찢고 찢기는
핏발 눈꽃들이
앙칼지게 부딪히고 있었다

굶주린
사자 입들이
마냥 으르렁거리고 있었다

2.
거짓가루 희뿌연
속임투성이
참말처럼 구르고 있었다

뼛속 하이얀 사랑은
무덤으로 짓밟히고 있었다

남뼈만 깎이는 이유
빤히 칼날 서 있었다.

〈1972. 4. 26〉

## 여우

머리 위엔 흰눈 펄펄
턱주가린 주렁주렁 고드름

오뉴월 개혀처럼
늘어지게 혀빼 물고

눈치껏 약바른 삶에
한 평생을 굽실굽실

가슴에 꽉찬 철학
퍼런 곰팡 쓸었기에

하늘밑 바로 못가
굴속 깊이 처박히어

하는 짓 응큼 수작이
형제, 이웃 다 망친다

제 실속에 꼬리 홰홰
비위 살살 잘도 맞춰

쓰다듬 받는 머리
시컴한 꿈뿐인데

이 오늘
빛 가신 땅엔
여우 어찌 환영인가?

〈1972. 4. 12〉

## 추위

고추 바람
뺨 후려친다
뼈도 깎는 층계 얼었다

누더기옷 너울너울
춤을 추는 어미 앞

갓난앤 젖보채 울고
배 쥔 애들 오돌돌

때묻은 인간 발길
거리 매끈 흘러 간다

저 비극 남일처럼
외투 물결 그냥 간다

저 층계 손 벌린 추위
봄빛 아직 멀었는가?

⟨1967. 12. 24⟩

## 낚시

미늘 숨은 지렁인
새빨간 거짓말

하늘 비친 물 위에
우끼 색색 띄워 주고

또 하나
속을 생명이

죽음 물까?
기다림

고요는 흠빡
꿈결인 둔덕마다

익고익은 팔짓들이
몰취미를 길게 뻗고

믿거라!
줄 문 목숨들
확확 채는 저 잔인!

〈1972. 4. 25〉

# 초침

비잉빙
선회생리
태초부터 배운 짓

붓끝은 창끝이라
항상 써도 죽음시

한 찰나 머뭄도 없이
거드름길 잘도 돈다.

소름 끼칠 공포시만
30억에 다 읽히려

감옥 밖 홀로 돌며
항상 성난 그 마음

풀릴 날 그 언제려노?
여기 태초부터 슬퍼 온
죄수의 기도가 있다.

〈1959. 12. 21〉

# 귀처

노래 슬피 흘러 간다
하나, 둘, 셋……

운명의 가싯길
줄을 서고 가는 나그네

머릿속 골 깊은 곳엔
백팔 염주 돌고 있지

역사 이래 한번도
줄 바뀐 일 털끝 없는

그 찔기디 찔긴 줄
줄을 잡고 줄줄 가면

웃는다 처녀 젖 같은
망각 동네 집들이

도살장에
소 끌려 가듯
고삐 매인 목숨들

다시금 흙이 되는
그 평안의 인간 고향

미워도 찾아 갈 사람
줄을 서는 우리들.

〈1959. 12. 21〉

## 깜부기

고개는 숙여도
뜻만은 하늘인

영근 이웃 삼가삼가
알알이 기도론데

혼자서 우뚝인 고개
바람 앞에 깟딱깟딱

남 거름 쪽쪽 빨아
비계 찌던 그 서슬이

땀 보람 영광 찾는
흙임자에 쏙 뽑혔다

한 밭에 살아 왔어도
갈곳 슬픈 검둥이.

〈1972. 4. 27〉

## 뾰족구두

신경질 난다 똑똑
포도 가는 저 소리

희멀건 종아리
태양에 그슬리며

머릿속
콕콕 찌르는
저 발길에 뼈 있을까?

모기 간 빼먹을 듯
침 날칸 저 구두

우리맘 짓밟아
부끄러움 다 죽었다

뻔뻔히
짚신 골목을
미친 듯이 뒤뚱뒤뚱……

밀가루 휘뿌린 듯
울밖 분칠 시끄럽고,

고양이 쥐 삼킨 듯
울밖 루즈 요란하고,

가릴 곳 다 들내 놓고,
어허 또닥또닥 가는 저 꼴아!

⟨1972. 5. 20⟩

## 까치

푸른 지붕 위
까치 한 마리

고개짓 두리번
불안해 두리번

두 나래
쉬는 가슴에
총알 올까! 두리번

어딜 갈까? 멀리 봐도
걸거치는 빌딩 숲

몰여 오는 연기 보면
마음 갈길 조렵는데

날 곳도
머물 곳도 없노니
마냥 떠는 저 까치.

〈1972. 4. 27〉

# 개

싸악싹 핥아라!
개야개야 살살 개야

깊이깊이 빨아라
모기처럼 지독히

짓빨고 핥아 오른 곳
잘난 임자 꽁무니

홰홰 쳐라 꼬리꼬리
웃음 졸졸 간지럽다

창밖 말도 사슴이라
우겨대는 개야개야

좋다고 하는 짓짓이
개중에도 뒷간 개

헤헤 아양 떨어라!
스리살살 떨어라!

개머리 개꼬리
쓰다듬는 네 임자

개생각 귀히 여기어
개자리만 골라 줄게다.

〈1972. 4. 9〉

# 쥐

화난 태양 숨진 거리
활개치는 쥐패 무리

이 곡간 저 뒤주
쇠통 척척 갉아치고

등 잔뜩 훔쳐 내빼기
비호같다 귀신같다

호박꽃 밝은 담장
박꽃 환한 옛집 속엔

싸립, 방문 다 열려도
쥐 발자국 전혀 없고

밝은 날 오간 웃음엔
정만 솔솔 꽃필 뿐

어쩔꼬! 저 어둠
다시 솟을 해도 멀고

야옹소리 쥐에 죽어
우굴우굴 쥐판 세상

설쳤자! 풀잎에 이슬
새벽 비는 기도들

〈1971. 5. 1〉

## 위치

숨막히는 연기 자욱
눈이 멀은 오늘 거리

태곳적 신이 밝힌
촛불마저 가물가물

게닮은 옆길 경주는
인간밭을 짓밟다.

향기 잃은 마음 꽃밭
구더기만 우굴우굴

어허참! 저만 아네
철학 썩은 오늘 광장

똑바른 그 뉘 있는가
봐라! 봐라! 푸른하늘.

〈1972. 4. 2〉

# 삶

콧속에 젖어 드는
내음새 매연!

귓속에 씨끄러운
떠들이 기계!

계단은 멀고도 멀어
숨가쁘게 한칸한칸

꿈에 속은 모가지
해바라기 빙 돌 듯이

돌고 돌아간 하루
숨줄 짧아진 것 뿐

지쳤다! 안올 기다림
다리 아파 허둥댄다.

〈1960. 12. 31〉

## 무교동

낮이 없는 그늘
이끼 핀 밤은 깊어

암수 엇섞인 골짜기
피향락 얼룩인

뒤범벅
하루살이들

발광 속에
사는 지옥

연산, 네로, 진시황넋
다시 미친 소용돌이

밤을 먹는 게걸음
박쥐 철학 취해 있어

샤일록
손짓만 따라
연옥 찾아 가는구나

태양도 낡아 삼켜
바라 볼 하늘 없어

시궁창 감옥 안을
구더기로 헤엄 치며

게거품
내뿜는 입에
내일은 없다.

〈1971. 7. 11〉

▲ 짚신 실내화를 들고 있는 짚신교사 오동
춘 선생님 모습.
(1967. 여름 영등포공고 교정에서)

## 명동

짚신발 흐를 땐
밝은골 명동이었지

뾰쪽발 미친 오늘은
캄캄골 암동이야

눈 멀은 암수 벌레들
우글우글 싸우는곳

넋빠진 노랑 머리
빛잃은 빨강 다리

짚신땅 족보 잃어
하는 말도 혀 꼬부라져

등불로 온통 헤매도
사람 하나 없는 곳

한치 땅도 생사 걸린
명동 마을 빌딩숲

그 뉘가 내일 염려
읽었으랴! 로마 멸망사

낙엽만 오가는 거리
봄을 심자 우리 봄.

〈1971. 7. 11〉

## 일찍이는 안 잊을래

뭐, 소용 없어
다 지나 가던 걸

밤낮 못찢기게
씨뿌린 짚신정신

알뜰히
잊어 잡숫는
그 맘밭은 헛농사.

행여 씨알 한 두 개
뿌리 깊은 옥이 될까?

내 바라는
빛삶 엮이울까?

정성껏
비는 기도에
빛일꾼을 기다리지

봄씨앗 영글어
가을 열매 되는 날

쭉정이 아니 나게
온 피땀 쏟은 내가

바라 본
가을 하늘엔
주렁주렁 열리겠지

짚신정신

한 계단 높이 서서
저랍시고 껍줄되는

그그런치
말짱 깜부기야!
빛씨알 밭에 심어

큰 재목 바라는 스승
몇이온지? 이 황무지·

어불 수밖에 없던 베드로
길 한번 잘 걸었지

참스승 따랐기
참제자 되셨지

될 나문
잘 될 떡잎빛
애초부터 새파랗지!

우리얼 짚신얼을
잊고 가고 잊고 살면

내게서 지나가는
나도 잊을 먼 사람들

빛씨앗
그래도 바래
일찍이는 안 잊을래.

〈1971. 8. 30〉

▲ 마천초등학교 17회 동기생 친목 모임.
오른쪽부터 첫 번째가 오동춘 시인, 한 가운데 옆모습 친구 서정철
(2022. 작고, 벗이다. 1990년대 후반 마천 금계 근처 음식점에서)

# 농촌

강원도 횡성군 안흥면 월현 1리 덕초현(일명 덕사재)에 1970년 8월 22일부터 27일까지 4박 5일간 농촌 봉사를 하고 와서 생각에 잠긴 시상을 엮은 것이다.

개똥벌레 어지러이
빗속 날던 칠흑 밤을

물소리 노래 따라
허위단심
땀 뻘뻘 오르니

덕사재
황소 한 마리
음매~
우릴 맞아 반기데

험로 고생 많았어요?
떠온 샘물 쿨컥쿨컥

오장육부 써늘해
서울먼지 다 씻긴 밤

등잔불
벽에 걸고서
맑은 정을 서로 쏟고

참 아름다와라
주님의 세계는

찬송 절로 쏟아지는
산을 들을 바라보면

이 마을
어진 마음빛
새파라니 수놓였다.

십리 가다 오리 가다
옥수수밭에 집이 하나

주야사철 흙만 사랑
땀을 쏟아 곱게 사는

이 동넨 쉴 날이 없이
집이 집을 봐도
도둑 없단다.

네 이웃, 네 몸같이
사랑하라! 예수 말씀

찬송 함께 어린이
잘도 배워 기뻤던

꿈처럼 그리운 벽촌
덕사젤 못잊겠네.

〈1970. 8. 30〉

## 저 불이 뭐요

어느 집에서 짚신정신 일깨 주고 막 배화여고 앞길을 가는데. 뒤에서 노인 하나 내게 묻는 소리 저 불이 뭐요?

여보시오! 뉘시올까?
돌아 뵈니 백발 노인

저기 저 높은 곳
저 불이 뭐요?

별이요, 별이옵니다
대답 드린 내 눈에

그별! 그 노인 말씀처럼
마치마치 전등 같네

온 하늘 두루 밝히는
오~ 저 세찬 빛줄기

배화교 그 높은 하늘
내꿈 같은 큰별 하나.

그렇다! 저 큰별은
새 아기 징조별

온 인류 숯빛마음
씻어 구할 구세주

오셨다! 절하여 맞자
내맘 홀로 외친 밤길

인류여! 말을 하라
한 백성아 입 벌려라

오늘 또 뉘 아들을
못박는 발광하련?

맘깊이 이끼 돋은 죄
저 불빛에 못 씻을까?

돌아 설 줄 내 모르고
우러른 저불, 저 큰별

굴속같은 오늘 길을
밝히 끄는 생명빛

따르라! 따라 살면은
땅에 평화 세세 무궁.

〈1972. 4. 9〉

## 산칠 교회

뫼비탈 돌아를 들면
하늘 가는 길

빛 우뚝 진리 깊은
전당이 있다.

한 형제
소망 꽃피는
산칠교회
아멘

한뫼 두뫼… 일곱뫼
양들 뫼 곳 영생 낙원

믿음! 소망! 사랑!
주음성 그윽한

영광빛
감도는 교회
산칠교회
아멘.

⟨1970. 12. 6⟩

# [6]
## 비극의 장

⟨1952년 10월 3일부터 13일까지 중공군 38군단이 12차 공격해 왔으나 국군 제9사단이 물리치고 백마고지를 지켰다. 그 기념 백마고지 전적지⟩
⟨2012. 4. 29 찍음⟩

# 전보

눈물로 기다려쌌던
시골집 대문간
낙엽같이 한 장
날아 든 사연
어머니 긴 오열 낳는
아들이 싸느랗다.

〈1961. 6. 6〉

▲ 어린이를 사랑하는 오동춘 해병(1963. 여름 진해 수원지에서)

## 상훈의 죽음
- 1971. 1. 14 장례 소리 들으며

한 송이 진실꽃
그 빛난 예쁜꽃

귀염둥이 사대독자
정월 초하룻길

무참히 숨끊은 차가
멀리멀리 내뺐다.

양심 바늘 가슴 꽂혀
어린 모습 겨우 찾다

무슨 낯 하두꺼워
저 어린이 바로 보랴!

이 비극 누구 죈가를
깨쳐 울자 어른들아!

오래 정든 장난감
슬픈 빈방 쓸쓸해

상훈아! 가지마!
하늘 찢는 저 소리

아! 너는 죄 없는 너는
하늘 나라 꽃별 되리.

〈1970. 1. 14〉

## 푸른꽃 왜 졌나
- 1970. 10. 14 모산 건널목에서 숨진 경서 학생 45 영령에 바치는 노래


파아란 꿈빛 따라
잘도 크던 마흔 다섯 꽃

봉오린 채 불이 붙어
차마 숯이 되올 줄

차마는 몰랐습니다
하늘 아래 이럴 줄

길잡이 심술일까?
가꿈이 농간일까?

아침엔 싱싱하던 꽃
저녁 때 숨 팍팍 지다니!

이 비극 풀릴 길 없어
땅을 치는 통곡이여!

어둔 골목 횃불 드신
스승 손길 아쉰 오늘

타 버릴 양심 두고
어찌 꽃만 탔는가?

_ 오동춘 첫 시조집(1972)

이 누리 누굴 믿고서
네꽃 내꽃 맡기리.

뒤늦게 죄민스러
떠는 어른 다 모여라

하늘빛 푸른 나라
다못 크고 숨진 꽃들

손모아 기도 올리자
하늘 나라 별들 되게.

〈1970. 10. 17〉

▲ 한국의 지붕 백두산에 오른 오동춘 시인(1995. 7. 18)

## 인창 참변

- 1970년 10월 17일 즐겁게 수학 여행 가다가 원주 삼광굴속에서 비극의 기차충돌로 숨진 두 스승과 열명의 학생 영령에 바치는 노래

1.
모산에서 찔린 가시
아직 심장 박혔는데

다시 또 가시 소식
한 무데기 꽃,
숨졌다네.

이 무슨 비극 조환가!
하늘 분노 한 탓인가?

2.
원주 삼광 그 굴속
피보래 알 리 없이

파란꿈만 사려 안고
노래 곱게 가던 꽃들

앗뿔싸!
그 푸른 생목숨
악마 입에 삼켰구나!

3.
꿈빛이 푸른 나라
싱싱 밝게 크던 꽃들

꿈 맺고 낯을 빛이

하늘만큼 땅만큼

환하던 낙원 꽃밭에
아~
내리다니 무서리.

4.
한 포기 꽃이라도
병들세라 조심조심

온 피땀 다 쏟던 스승
꽃을 안고 숨지셨네!

오! 거룩
그 빛난 사표
뉘 아니 본 받으랴!

5.
이웃 꽃 참변
남집 불로 예사론가?

그 모두 크게 깨쳐
만고 거울 삼아야지

이 훌랑
발등불 끄지 말고
일을! 일을! 잘 살펴라

〈1970. 10. 19〉

## 철길 추억

〈불붙은 동족상잔! 피난 철길 한 가운데 세 살쯤의 어린 사내 떡을 빨며 서 있었다〉

떡 쥔 손 입에 빨며
울 엄마 있으랬다며

눈매 고운 어린이
철길 홀로 서 있었다

제 어미 눈먼 발길은
가물가물 가는데……

개미떼 벌떼처럼
사람 실은 남행열차

끝내는 그 철길에
어린 생명 깔았겠지

천추에 이 슬픈 한이
이땅 말고 또 있을까?

〈1970. 12. 9〉

## 인간 부재
- 평화시장 직공 전 태일 군 분신 자살에 부쳐

불꺼진 먼지 속에서
차마 숨을 쉴 수 없었겠지

너무 어둠 다 못 참아
<u>스스로</u> 불붙인 몸

갈퀴집 한 횃불 되어
남긴 빛이 한 알 밀알

시꺼먼 거머리
사람 먹는 불모지

눌 위해 뼈사람이
마소살이 해얐던가!

비극씬 금빛 종인가?
하늘 잃은 임자탓가?

포도밭 일품삯
일한만큼 웃고 주고,

천하보다 귀한 목숨
서로 끔찍 위합시다.

남 앞서 하늘로 가며
일깬 임뜻 뉘 깨쳤는가?

〈1970. 12. 20〉

## 남해 원가
- 1970. 12. 14. 1시 45분 제주배 남영호 침몰에 부치는 노래


배는 배 몹시 고팠나보다
서귀 · 성산포 곳곳에서

사람 · 짐 마구 삼켜
배 벌떡 일어 선 배

속 심술 놀부 같아라!
파도 깊이 눕다니!

파도 입은 독사혀
날름날름 사람 먹네

살려라! 목찢기는 밤
별도 슬퍼 우는데

구원은 아득한 천리
끝내 사람 몰죽음.

부릅떠 숨진 넋들
무심하늘 미웠겠다.

하늘만 미웠을까?
이를 간 곳 또 있겠지

온 바다 상괭이 따라
울고 헤맬 방랑 혼들

단도리 미리 못해
밤낮 빚는 사고 비극

허술한 외양간
황소 보관 잘 될까?

저 거울 높이 걸어라
어둔 눈들 다 보게.

〈1970. 12. 23〉

▲ 해병 제대 무렵 안송희 아씨와 약혼식(1964. 12. 12) 마치고 찍은 사진
오른쪽부터 하석임 어머니, 박용기 친구 형수, 정정모 장모님, 송골

## 우리 큰 별
- 애국자 김 구님 우러르며

웃을 새도 미처 없이
얼음처럼 금간 땅

당신 가슴 쪼갬인 듯
아픈 천리 헤매실 녘

하늘도 빛가려 울던
큰별 목숨 뚝 끊겼다

골백번 되물어도
임염원은 오직 하나

임자 우린 짚신땅
완전자주 독립뿐

동포애 내몸 같으신
그 인품엔
다 숙던 고개

눈 들어 보는 벌판
해빙 봄날 멀고 먼가!

그때 임이 섬긴 봄을
겨레 같이 모셨으면?

시방쯤 염원꽃 폈을까?
임생각에 뼈깎이네.

〈1971. 11. 4〉

## 단장의 남매
- 필화, 필성 비극에 눈물 쏟으며

견우였더라면
직녀였더라면

너와 나는
피울움 머금고
기다릴 칠석은 있다

어이해 너희 꿈빛은
만리 밖에 숨죽는가!

누가 쳐 논 저 벽이기
천륜 샘정 뚝 끊는가.

오빠야! 목찢기는 울음
누이야! 애끊이는 슬픔

이 비극 사무친 하늘도
눈물 뚝뚝 듣는구나

서로서로 손 헤꼽아
꿈을 엮는 두 남매여!

한나무 꽃가진데
팔짤리듯 돌아섰나!

폭포로 쏟고 쏟는
너희 눈물 겨레 눈물.

〈1971. 3. 14〉

## 죽어 하나 구한 진리
- 4·19 열 두돌에 붙여

1.
해맑간 삶으로
새파란 꿈으로

쭉쭉이 뻗어 필 꽃
다 못핀 잔인달에

의분돌 고함 고함쳐
새빛 낳던 사·일·구

2.
독버섯 나라 곳곳
암이 되던 암흑 거리

피뿌린 정의! 자유!
진리! 밝던 그 횃불에

온 누리 독사 이빨이
다 뽑히던 그 감격

3.
짚신땅 가슴가슴
흘러 오랠 임얼들이

그날 그 성난 화요일
우뚝 세운 그 빛탑을

우러러 거울인 동포
어찌 거짓 살오리까?

〈1972. 4. 11〉

▲ 연세대 58 입학 동기들이 졸업 50주년 모교행사에 참여하고 학관 앞에서 기념사진을 찍었다.(2012. 5)
사진 앞줄 왼쪽부터 첫째 오동춘, 박영학

## 인생벌판

인생, 그것은
만남 헤짐
삶과 죽음의 되풀이
울고 나온 인생벌판
웃고 갈날 몇날이며
바람 잘날 있던가

사는 그날그날
욕심 정욕 다 부려도
그때 비껴가면 빈껍질
심은대로 거두는
황량한 인생벌판
열린 열매 있는가

빈손 들고 나온 누리
홀로 살다 홀로 가고
끝내는 연기에 묻혀 가고
흙이불에 잠든다

인생 올날 갈날
다 모른다
오직 한분 그분 앞에
두손 모아 살면
삶줄기 영원하리라.

상록수 35호(2014)
〈2014. 7. 20〉

# [7]
## 짚신사랑의 장

▲ 함양 방장산 가는 길. 지리산 제일문이 오도재(773미터) 고개에 서 있다.

## 짚신 · 1

1.
핏줄기 세찬 강물
홍익빛 우리 물결

역사 감돈 굽이마다
삶터 지킨 금자탑

짚세기 고운 총마다
그 비석이 우뚝구료

2.
어머니 하이얀
젖이 솟는 우리 땅

무궁화 햇볕 가린
먹구름 몰아 내쫀

가신님 그 빛난 얼을
일깨시네! 짚세기

3.
한얼 핏줄 샘솟는 곳
날로 욱는 빌딩 수풀

자유! 평화! 푸른 하늘
숯빛처럼 그슨 오늘

묻노라! 네 가슴 족볼!
피지키는 짚세기여!

〈1970. 8. 11〉

▲ 서울 강남 도산공원에 서 있는 도산 안창호
(1878-1938) 인물되기 어록비가 서 있다.

## 짚신 · 2

1.
콩색시 칼발 고와
그 며칠 별려 삼은

총도 총총 꽃짚세기
발이 사쁜 제빌레라

시아비 쏟는 사랑이
아침 샘가 꽃대화

2.
제총박인 신랑 신발
딴총박인 신부 신발

두 짚신 나무 팔러
백 리 하룻장을

잘 갔다 되온 싸립엔
달과 함께 멍멍 검둥이

3.
논밭 매랴! 길쌈 하랴!
우는 얼라 젖먹이랴!

한몸 열 쪼개도
손이 짧은 우리 마을

집집방 억센정 풀면
토방 짚신 뜨겁더라

4.
논밭 뭉개 길낸 도로
방가제 차 안에서

밀가루 뿌연 얼굴
딴 나라 흉내 뿐.

제 빛을 옆에 두고도
눈이 멀은 장님들.

〈1970. 9. 6〉

▲ 송골 오동춘 첫시조집 〈짚신사랑〉 출판기념회가 무교동 그릴 홀에서 열렸다. 박병학 아나운서 사회, 박창해 연세 국문과 교수가 축하했다.(1972. 11. 9)

짚신사랑 _ 149

## 짚신 · 3

비록이 밟힐지라도
꺼지는 역사 앞엔,

빛 밝히는 울 횃불로
뼈를 지킨 어머니

이뼈곧
아니었더면
너도 없고, 나도 없고

짚풀로 지붕 이고
토담집 꿈을 낳고

씨앗 담긴 논밭 갈며
아침 곤 땅, 잘 산 핏줄

사립문
품은 맘까지

다 열어도
도둑 없고

어쩌다 이 행복을
탐낸 도둑 울 넘으면

의의피 펄펄 끓어
한맘 뭉쳐 멀리 쫓고

아들, 딸
편히 살도록
집을 집을 잘 살폈다.

〈1971. 4. 1〉

▲ 사랑하는 제자들 주려고 연세교정에서 낙엽 줍는 오동춘 교수 모습.
(2003. 가을 연세 교정에서)

## 짚신 · 4

짚땅 샘물 마신 내력
뿌리 깊은 지푸라기

올올이
정을 엮어
꿈을 수논 그 몸매

맘밭도
너무 고와서
하늘사랑
소복소복

가지가지 눈꽃 피워
심지심지 밝은 솔은

매죽헌 가슴이요
성춘향 마음일레

그 핏줄
이어 산 거울
낯뵌듯도 높은 짚신.

제 거울에 눈먼 장님
뉘옷 입고 사시는가?

꼴잃은 삼천리
남 그림자 짙어 있네

그 언제
겨울 눈 가셔
바로 볼까?
짚신 봄.

〈1971. 4. 6〉

▲ 제1회 천왕 축제 초대시인 허영자, 오동춘, 문병우 세 시인 환영 현수막이 백무동 입구에 걸려 있다.(2000. 10. 21)

## 짚신 · 5

1.
홍익빛 어린 하늘
그빛 따른 곧삶얼

피땀 뿌려 밭 일구고
씨앗 뿌려 꽃 가꾸니

빛쌓인
이랑이랑이
황금물결 은물결

2.
청솔로 울 둘러 치고
풀집 살던 맑삶얼

돌틈 찰찰 솟는 샘물
무궁화에 꽃물 주고

제 살 땅
다독인 마음
울빛 높이 갈 · 닦았네

3.
때낀 발에 밟힐수록
고개 더욱 솟는 얼

때로는 거짓 혼낸
뼈삶 승리 해같도다

뼈살이 빛된 넋핏줄
두고두고 잇길테니

4.
사람 곧 천심 꿈을
짚땅 깊이 심는 얼

갈 시내 물속같이
맑은 가난 사랑는다.

살수록
더 맑는 맘밭
행복 싹이
쏘옥쏘옥

5.
제땅, 제피, 제얼, 제뼈,
가슴 품어 사는 얼

그길 그빛 한국얼
사랑하자 다 같이

한 겨레 한 나라 사랑
한피 말고 뉘 있겠나!

〈1971. 5. 1〉

## 짚신 · 6

1.
거울입니다
환히 뵙니다

할아버지 할머니
하야니 앉아 계십니다

이 밑샘 세찬 솟음이
흘러흘러 우립니다

2.
하늘입니다
갈 하늘입니다

한결살입니다.
한얼 늘 파랗습니다

오로지
흰옷 참빛이
뻔쩍뻔쩍 빛납니다.

3.
젖샘 고향입니다
그리움 사무칩니다

먼저핀 얼빛 밴
풀이, 돌이, 선합니다

뼈가 뼈
땅 지킨 빛탑
우뚝우뚝 뵙니다

4.
오직 하나 사랑입니다
한피 가슴 임입니다

심장에 켜진 임불
꺼질 줄 모릅니다

임이기 임께 임께로
더욱 불타 갑니다

5.
어머닙니다
우리 어머닙니다

가시밭 돌너덜 길
울 다 업고 예 왔습니다

어머님! 어머님 사랑
사랑 바쳐 갚겠삽니다

6.
태양이옵니다
정 뜨건 태양입니다

오순도순 얼싸 살을
한배 핏줄 태양입니다

억겁을, 길이 억겁을
사랑 주실 태양입니다.

〈1971. 5. 18〉

▲ 연세동문회관에서 열린 송골 오동춘 교수 고희 잔치에 참여한 세샘꽃 세 제자와 포항공대 2대 총장 장수영 박사와 송골 부부 함께 찍은 기념 사진이다.(왼쪽부터 양성모 이민하 부부, 안송희 오동춘 부부, 장수영 총장, 전미영, 김미자 제자.(2007. 5. 18. 연세동문회관에서)

## 짚신 · 7

노오란 생김샌
노오란 국화꽃

잎잎이 오목오목
복이 넘쳐 서린 빛

뵐수록 방망이 가슴
반해 붉는 내 볼아!

기야름한 모양샌
길다름한 조각배

이 도령 성 춘향
함께 타고 노를 젓네

부러워 보는 별들이
잠을 잃고 반짝반짝.

⟨1971. 3. 15⟩

## 짚신 · 8

1.
당신은
우리의 밑샘입니다

당신은
우리의 본향입니다

당신은
흘러 흘러 온

한얼입니다
그빛입니다

2.
당신은
칼발에 자주자주 밟혔습니다

당신은
밟힐수록 자꾸자꾸 살았습니다

당신은
헛살이 앞에
횃불로 타 올랐습니다

3.
당신은
금수 솔밭 의혈입니다

당신은
강산 꽃밭 정조입니다

당신은
배달 앞삶길
이정푭니다.

〈1971. 11. 12〉

▲ 공로 있는 문과 출신 박종국, 이상섭, 표재순 세 연세인 제9회 연문인 상 시상식에 오신 김형석 현 104세 교수님과 사진을 찍었다. (2009. 11. 7. 연세동문회관에서)

## 짚신 · 9

아니다. 우린 아니다
결코 귀족은 아니다

눈높은 거드럼
코서슬 아니꼽

더러워
풀집에 살은

지극히
우리빛 서민

머리 윈 살았다 하늘
철새 소리 귀 고왔다

바느질 안방에도
짚일 많은 사랑방도

호롱불
애정꽃 피는
맘씨 모두 어질었다

황소 벗 즐겨 삼고
흙을 갈고 씨를 묻고

베잠방 낡아 들면
들판엔 황금 파도

자고로 천하지대본
논밭에서 빛났니라

살기 좋은 우리 마을
되놈 왜놈 올적마다

손에손에 활을 창을
너도 나도 힘껏 잡고

앞질러 쳐 부순 역사
또렷또렷 새겼다

우리 피 빛난 얼
이어 살을 우리들이

우리벗 짚신님을
뱀보듯 깔보다니!

두 가슴 손 얹어 두고
찾아 살라! 우리 맥박.

〈1972. 7. 16〉

## 짚신 · 10

안 놓겠다
안 잃겠다
내 집안 살던 뼈를

안간힘 마구 쏟아
땀을 빼는 파숫군

맘 다진 그 은근 끈기
감히 뉘 끊으랴!

겨드랑숲 허벅숲이
밝은 대낮 춤인 거리

발길에 채는 돌도
내력 깊은 우리 옥

짚신에 감꽃 꿰듯이
일일 줍고 가는 주인

바라보면 딴 먼지
자욱자국 서린 얼굴

싸리비 높이 치켜
싹싹 쓸어 걸레 치고

맑으란 우리 본 모습
찾아 주는 스승님.

〈1972. 6. 16〉

## 짚신 · 11

꼽꼽히 짚 추겨라
추긴 짚을 잘 밟아라

고이 꽌 산내끼
엄지 두발 당겨 걸로

사랑방 호롱 앞에서
지푸락 왔다 갔다

불끈불끈 힘 주어
꽉꽉 다져 삼은 짚신

쏘문 앞총 정겨웁고
돌기 양쪽 마주 웃고

닥 감긴 뒷갱기, 뒷축
차돌보다 더 딴딴

해묵은 천정, 신골 망텔
방 가운데 내려 놓고

신골 골라 신에 톡톡
대청 한밤 잠잰 짚신

참해라! 산드러진 모습
뉘 신어도 천사 신발.

〈1972. 7. 19〉

## 짚신 · 12

1.
보글 보글 토방 된장
천하일미 우리 탯깔

뚝배기채 끓은 된장
밥상 차려 행랑 온

열여덟 댕기 머리에
넋이 나간 머슴이여!

2.
땀 찌든 무명 수건
머리 질끈 동여 매고

첫장닭 울도록이
짚신 한짝 삼은 머슴

홀딱꿍 반한 비밀을
어쩜 졸까? 끙끙

3.
황톳길옆 풀한짐
방가 놓은 지게 밑에

쪼그리고 펼친 종이
익 힌 한글 한자 한자

침바른 몽당연필이
밤내 썼던 꽃편지

4.
비갠 날 모종 가다
뽕밭에서 만난 댕기

둘이 낮은 금새 산딸기
하나 사브자기 머슴말

사랑방 벽 걸린 짚신
너 보고파 숨지더라.

〈1972. 9. 24〉

## 짚신 · 13

1.
너 앞을 내가 서면
뒤안 감나무가 다가 온다

주렁주렁 꿈처럼
가지마다 휘이게

푸짐히 열렸던 옛집
예대론 채 있을까?

2.
풀각시 등에 업고
감꽃 줍던 외동 누이

꼬부라진 산길 돌아
울며 가던 시집까지

선명히 눈 어리는 가을에
나는 아픈 나그네

3.
준시, 곶감 한 나무에
그 몇동씩 따 내어

논밭 사는 살림살이
재미 좋다 하시옵던

지금쯤 그 할아버님
뒷동산에 주무실까?

〈1972. 9. 24〉

▲ 프랑스 루블박물관에 전시되고 있는 다빈치 그
림 모나리자 모습.

## 짚신 · 14

1.
그대옵서 주신 내음
향내 물씬 흙냄새

어머니 품속인 양
흙에 안겨 사오신

옛님들 괭이 살이가
새삼 부런 오늘이여!

2.
그대옵서 주신 내음
아기자기 정냄새

낙숫물 지는 낮은
오순도순 아낙네들

풋감을 주먹 쳐 쪼개
입에 으쩍 길쌈 했지.

3.
그대옵서 주신 내음
서로 도와 사는 냄새

품앗이로 바쁜 농사
마을 집집 잘도 지어

찾아온 어거리풍년
곁 양가에 빛났다

4.
그대옵서 주신 내옴
몸을 바친 사랑 냄새

나라 곳곳 오랑캐
핏줄 밟아 뭉개면

의의피 가슴 들끓어
목숨바쳐 내쫓았다

5.
그대옵서 주신 내음
추억 짙은 꽃냄새

봉선화 꽃잎 매여
손을 모셔 잠자던

그 옛날 우리 가시나
몽당치마 안 입었다

6.
그대옵서 주신 내음
쑥국 냄새, 버들 냄새,

분홍치마 쑥 캐는 들
버들피리 구성지고

온 산에 만가지 꽃은
워이워이 우리 손짓.

〈1972. 9. 24〉

# 짚신 · 15

1. 사육신
조아리는 수풀 욱어
거즛 꽉찬 서릿발땅

짚신얼 여섯 심지
그 뼈만은 푸른 하늘

우러러 고개 든 밝음
해요 달인 우리 넋.

2. 삼학사
시쁘다 오랑캐
가짢아 웃는 빛맘

가슴속 품은 솔은
만고 짚땅 생명인데

진드기 시궁 칼날에
무릎 감히 꺾이랴?

〈1972. 10. 6〉

## 짚신 · 16

박넝쿨 속뜻 참한
내 고향 물레방아

거울 냇물 임이온 양
안고 도는 한나절

우리네 짚신 서방님
각시 보듬고 도누나

맨드라미 어여머리 차린
내 고향 장독간에

씨장닭 씨암닭을
포개노는 해질녘

우리네 짚신 도련님
몰래 품다 큰아기

감나무 붉은 뒤안
내 고향 참대밭에

장끼님 까투리양
품어 자는 한밤중

우리네 짚신 지아비
볼강 안네 속곳 색씨.

〈1972. 10. 6〉

## 짚신 · 17

삼이웃 한 동네
시냇물 그 맘씨

푼더분한 그 흰 모습
시나브로 인정 얽혀

이바디 그 어느 음식도
흙담 집집 들랑 날랑

논밭일 내뛰면
품앗이 주고 받고

할매 할배 가신날은
몇밤 새워 같이 울고

없으면 써레, 보습, 쟁기
황소까지 빌어 쓰고

명절이라 달 밝은 밤
애 · 어른이 다 뫼 들면

모인 마당 다 꺼지도록
얼싸절싸 팽매기 굿

여섯발 벙거지 재주엔
아낙네 오줌 질금질금

〈1972. 10. 6〉

## 짚신 · 18

눈밭에 우거진 솔, 솔지조 맘 새기고
우러러 고개 든 하늘 가슴 담아 푸른 색시
흰 버선 받쳐 준 꽃신 임이 온밤 엮은 짚신

검은 머리 파뿌리로 일편단심 한결같이
저물도록 흙사랑에 밤 깊도록 임 사랑에
반만년 정기 찬 핏줄 세차도다, 짚신 속에

〈1971. 4. 17〉
* 1975.송골 제2시조집 『산도라지』

▲ 함양 상림 역사인물공원 고운 최치원 모습.(함양 태수 지냄)
옆에 송골 시인이 서 있다.

## 짚신 · 19

하이얀 꽃마음을
하늘 밭에 심어 두고

핏줄은 넝쿨 되어
뻗쳐 온 긴 강물에

덩실 뜬
한 떨기 태양
네집 내집 등불꽃

너하고 함께 쥔 손
길이 뜨거울 사랑 나라

누려 온 푸른 살림
두고두고 푸짐하게

동산에
파수 다지고
옥토 깊이 꿈을 심자.

〈1978. 3. 15 한국일보〉
* 1981.송골제3시조집 『봄나무』

## 짚신 · 20

천둥칼이
성난 서슬 날치어
내리친 하늘은
역시 푸른 하늘

어제도 오늘도
오히려
시퍼런 하늘 눈이

온 누리
증언 불꽃으로
시뻘거니 타고 있다.

빗자루 사려 잡고
먹구름
늘 쓸어 온 자리

희고 맑은 마음씨
달 하나
꼭꼭 심은 사람들이

흙동네
지켜 산 오늘
쌀독마다 산이 있다.

해를 먹고 뜨건 가슴
차고 어둠 용서 못해

횃불 함성 내지르고
주먹 불끈
뭉친 한맘이

강물로
흐르는 이 땅
정기 펄펄 살아 있다.

〈1979. 시문학 4월호〉
* 1981.송골 제3시조집 『봄나무』

▲ 한양 사회교육원 국문과 송골 제자
별샘 이민하와 함께 졸업 기념 사진을 찍었다.
(1994. 2. 한양대 백남관 앞에서)

## 짚신 · 21

박꽃빛 가슴 속에 하늘 믿는 꿈을 담고
아침해 밝은 땅에 목숨 누릴 터를 잡아
이 삶터 지켜 온 겨레 긴 강물로 살아 있다

진달래 붉게 타면 이랑이랑 씨뿌리고
황소하고 흙 사랑에 밤낮 거름 쏟아 주니
땀 값은 푸짐한 가을 동네마다 배 불러라

삼천리 어딜 가도 철철 솟고 흐르는 물
그 물빛 우리 양심 일편단심 아니던가
행여나 얼룩진 맘일까? 거울 샘에 또 씻는다

청솔 심지 등불 삼고 나라 밝혀 사는 겨레
부닥친 한 시련을 참아 이김 장하구나
살수록 더 굳센 지조 저 하늘에 파랗다

아침도 고운 황토 흙사랑 힘찬 맥박
뭉치고 또 맘다져 세계 곳곳 한얼 심고
짚신땅 한 핏줄 자랑 온 하늘에 빛낸다.

〈1978. 시문학 10월호〉
* 1981.송골제3시조집 『봄나무』

## 짚신 · 22

고추 따는 덕이 허리
숨막히게 정 깊던 팔

내리치는
도리깨에
보리알은 산이 되고

소낙비
구슬땀 강물엔
흰구름만 한가로워

겨우
이고 온 밥광주리
농부 얼려 내려지면

논머리 오순도순
더운 음식 나눠 먹고

안주로
퍽 깨문 풋고추
입안 가득 화끈하다.

〈1979. 시조문학 봄호〉
* 1981.송골제3시조집 『봄나무』

## 짚신 · 23

밤낮 논밭 사랑 속에
해가 뜨고 지는 줄도

알 새 없이 흙만 주무르는
흙과 삶의 비지땀에

온 동네
집집 방마다
웃음꽃이 활짝 핀다

사철 문을 안 잠가도
마음 편히 자는 집에

궂은 일 마른 일 나면
서로 다퉈 울고 웃고

품앗이
농사일까지
힘을 모아 정답다

봄씨앗
여름 천둥에 크고
한가을에 푹 익으면

말만한 큰아기들도
앞가슴 사랑이 익어

수퇘지
목 찔린 날에
시집 한번 푸짐하다.

푸른 하늘 맑은 물에
양심 더욱 닦아 살며

선조 뼈 묻힌 땅을
청솔 함께 지켜 살며

논밭에
비는 한 마음
시절 좋은 풍년이다.

〈1979. 12. 6. 인하전대학보 제56호〉
* 1981. 송골 제3시조집 『봄나무』

## 짚신 · 24

번쩍번쩍 천둥이 튀긴
번개똥을 주워 먹고

시커매진 벼들이
볼록볼록 애 밴 논길에

새참을
이고 온 치마는
남산만한 배가 있다.

베적삼 땀방울이
누우렇게 물결치면

포개진 벼메뚜기
알을 배는 논머리

흰구름
이불된 하늘
한정없이 높푸르다.

곳간이 그득그득
행복 피는 초가삼간

푸짐한 돼지 한 마리에
순이는 새색시가 되고

마당은
신명이 나서
밤 가는 줄 모른다.

〈1980. 시문학 1월호〉
* 1981. 송골 제3시조집 『봄나무』

▲ 한국통일문인협회 주최 한국평화통일 문화인 선언대회가 임진각 망배단에 열렸다. 이때 송골이 큰 목소리로 선언문을 낭독했다.
(2013. 11. 21. 임진각 망배단에서)

## 짚신 · 25

태어나 보니
하늘빛, 솔빛 푸른 나라
물빛 맑고 옷빛 흰 나라
맘빛 밝고 피 뜨건 나라

짚신꿈
흙에 꽃피는
어진 호미 고추였다

굽높은 구두코 쯤은
하나도 안 부러웠다
밥알 곤두서는 게다쯤
하나도 안 부러웠다

딴 나라
무슨 신발도
우리 짚신만은 못하였다

댓돌에 짚신 놓인 집
할배, 할매 핏줄 솟는다

뒤안 감나무
앞마당 대추나무
까막까치에까지

짚신피
그 세찬 강물
오늘도 철철 흐른다.

구두땅에 우쭐 산다고
게다땅에 반짝 산다고

짚신이 짚신 아닐까?
짚신은 길이 짚신인 걸.

골백번
죽고 죽어도
짚신이야 짚신이지.

하늘 축복 소복한 겨레
짚신 깃발 앞세우고

김치힘 펄펄 쏟아
뭐든지 승리 낳는

온 세계
으뜸인 나라
오, 자랑스런 짚신이여!

〈1981. 6. 15〉
* 1981. 송골 제3시조집 『봄나무』

## 짚신 · 26

대자리 깔린 흙벽 방에
호롱불 가늘게 타는 한밤

쩌렁쩌렁 읽는 국어책
검둥개 저도 따라 멍멍

할머니 두고 가신 감껍질은
하얀 분이 돋아 있었다

책보퉁이 등에 지고
십 리 산길 굽이 돌면

오동통 살찐 피라미
구름 위에 춤을 추고

저 혼자 떨어져 걷는 순이
고개 살풋 붉었다.

열 두 달 단 하루도
쉬임없는 산골 일손

흙속 깊이 심은 꿈은
살림꽃 활짝 피어

집집이 옹골진 행복
주렁주렁 호박이었다.

벌써 서리 맞은 머리칼
흩날리는 바람 앞에

앞동산 보름달로
어질게 솟는 부모 얼굴

흙동네 정 깊은 샘에
항상 밝게 떠 있었다.


〈1981. 시조문학 여름호〉
* 1981.송골 제3시조집 『봄나무』

## 짚신 · 27

숨찬 지게질 배우던 날에 나무하러 산을 따라 간 아들에게 나뭇짐을 매어 주시며 하시던 아버님 말씀

'새끼 서 발은 쓸데가 있어도 인간
백발은 아무데도 쓸데가 없단다 '

인생을
일깨시던 음성
늘 귀에 살아 있다

해 달 별 지게 담고 땀 강물에 빠져 살아도 아득한 보리고개 너무도 허기지고 허리마저 졸리는데…… 먼 이십리 산에서 해온

나뭇짐
장에 파시던
우리 아버님은
일벌레……

금슬 좋은 어머님 버선 발도 시리실까? 밤깊게 꽃짚신 뜨겁게 삼아 주시고 닭울면 벌써 이랴! 이랴! 황소 앞세우고 싸릿문을 나서면서 풍년 가을 밝게 비시던 아버님 마음씨

엄한 듯
그 어진 마음
비단물결 샘물결……

물려받은 유일한 지게 당신은 부지런히 지실망정 어찌 자식들에게 또 물릴 수가 있으랴! 이집 저집 논을 매고 풀을 베고 거름을 져 내고 뼈가 빠지는 품팔이에 짚신 푹푹 닳아도
　내 자식 눈 밝혀 잘 살게 할 학자금 마련에 고된 줄도 모르시고

더운 김
입에 뿜으며
산에 들에 사셨지……

〈1983. 1. 21〉
\* 1985.송골제4시조집 『하늘 한 조각』

## 짚신 · 28

호박 곱게 늙으면
방에 모셔 들어오고

산에 나무 고목 되면
지게 모셔 집에 와도

사람은
늙어 숨지면
왜 대문 멀리 쫓는가?

맨손 쥐고 태어 난 집
흙사랑에 땀을 쏟고

처자식 배 곯릴까?
옳게 한번 못쉬고

죽어라!
일만 하신 임
호박만도 못하신가?

산새 소리 벗을 삼고
한줌 흙인 임 앞에서

형제 우애 부모 효도
임뜻 깊이 가슴 새겨

한 세월
다 가기 전에
땀 더 쏟자 논밭에……

〈1983. 시조문학 봄호〉
* 1985. 송골 제4시조집 『하늘 한 조각』

▲ 해병 진해기지 사령부 주최 해병체육대회가 열렸을 때 정훈참모실은
홍보활동을 맡았다. 오른쪽 마이크 앞에 오동춘 해병이 앉아 있다.
(1963. 가을 진해 공설운동장에서)

## 짚신 · 29

밝고 밝은 동녘 땅에
줄기 세찬 짚신 겨레

울을 넘는 이웃 도둑
온힘 합쳐 혼내 쫓고

면면히
지켜 온 나라
거룩거룩 대한일레

누가 감히 넘볼소냐?
날로 크는 짚신 조국

동네동네 꽃핀 살림
삼천리에 푸른 오늘

새 역사
우뚝한 탑이
온 나라에 빛나네.

〈1983. 수도교육 1월호〉
* 1985.송골 제4시조집 『하늘 한 조각』

## 짚신 · 30

산지락 붉은 치마 봄바람에 펄럭이면
황소 벌써 흙을 갈고 농부 쭉쭉 씨뿌리고
송장도 일손 되련 듯 무덤까지 움직인다

병아리 모여 노는 양지밭 흙담장에
흙장미 넝쿨따라 호박순도 여행갈 때
큰애기 물동이 속엔 바가지가 떠 있다

산비탈 고추밭에 품앗이로 오신 분들
매미소리 시원해도 젖가슴엔 땀이 괴여
베적삼 살짝 벗을 때 꽃구름이 엿본다

감나무 그늘 아래 잠깐 쉬는 그 사이
된장에 풋감 먹고 나눈 정담 부끄러워
봉숭아 얼굴빛으로 치마끈을 만진다

바라보면 넓은 들에 벼이삭이 물결치고
피를 뽑는 농부보고 허수아비 춤춘다
김매는 색시들 가슴 가을맞이 꿈꾼다

〈1989년 시조문학 가을호〉
* 1990. 송골 제5시집 『잠들어 안 깨면』

## 짚신 인생

언제 어디쯤
죽음꽃 기다리는지
난 알 수 없다

설사 지금
죽음 육박해 와도

열심히
삶 줄기 엮는 나
중단 없는 강일레

행여 교만해질까
작대기 얹힌 어깨로

기는 지렁이처럼
이 누리 낮게 살라

가슴에
심어 준 말씀
오직 감사뿐이지

숨찬 비알지대
만약 내 삶 쉰다면

땅 위의 석자 이름
무슨 빛깔 흐를까

하나님
나라 가정 제자 시
기도대로 열매 이룰까

짚신얼 수논 이 땅
십자갈 우러르며

참삶 뼈삶 빛삶
솔뼈씨앗 뿌린 이 몸
빛열매
기도 쏟으리
기쁜 삶빛 엮으리

자존의 심지 돋우며
아래층에 짓밟혀도

짚신 인생 고개 들고
죽음 넘어 달려가리

아무리
밟고 또 밟아도
내 머리는 살아 있다.

(1998. 월간문학 7월호)

# 짚신사랑에 덧붙이는 글

전 규 태
(연세대 교수·시조시인)

　스모그에 오염된 대도시에서는 푸른 하늘을 보기가 힘들다. 학교 옥상에서 사생하는 학생들이 그리는 풍경은 푸른빛보다 잿빛으로 얼룩져 있다. 그들이 그리는 하늘빛은 다갈색이다. 이러한 학생들이 그리는 푸른 하늘은 과연 무엇일까. 이와 비슷한 상황을 나는 내 생활주변에서 가끔 체험하곤 한다.
　우리들은 스스로의 환경에 젖어 버린 탓으로 인생의 여러 모습을 마치 다갈색으로 하늘빛을 칠하 듯 착각하고들 있다. 인생의 여러 분야에서 우리들은 푸른 하늘을 잃어가고 있는 것이다. 시는 우리들의 마음속의 하늘이다. 헌데 우리들은 잿빛의 삶에 쫓기어서 그것을 잊고 있는 것이다. 시를 쓴다는 것은 현대인들이 잃어버린 마음속의 푸른 하늘을 되찾기 위한 작업이다.
　요즈음 푸른 마음을 되찾으려는 사람들이 날로 줄어들고 있는 것 같다. 전통적으로 시가를 즐겨 읊고 하던 우리네 아름다운 삶의 모습도 많이 달라져 가고 있는 것 같다.
　현대시가 그 형식적인 복잡성과 난삽성 때문에 독자로부터 차츰 멀어져가고 있는 이 때 시조가 능히 국민 일반의 정서를 표현하는 그릇으로서 재인식할 때가 이른 것이다. 그 기운 오동춘님이 마련하려는 의욕은 장한 것이며 그런 점에서 시조집「짚신 사랑」은 자못 그 의의가 있다고 본다.

이 땅 맘빛인 솔밭
　　　울 들린 한 마을

　　　높이 걸린 밝은 임은
　　　우리 마음 등불일레

　　　까치도 우는 아침엔
　　　둥근 손님 반갑고야.
　　　　　　　- 「한마을」에서

　　　보글 보글 토방 된장
　　　천하 일미 우리 탯깔

　　　뚝배기체 끓은 된장
　　　밥상 차려 행랑은

　　　열여덟 댕기 머리에
　　　넋이 나간 머슴이여!
　　　　　　　- 「짚신(12)」에서

　이처럼 맵씨가 있으면서 아늑하고 또한 로칼칼러가 짙은 그의 재치는 어떤 상황을 빚는데 매우 민감하다. 짚신 17편을 비롯하여 「나라」, 「수박」, 「박꽃」, 「민들레」, 「부엌」, 「농촌」, 「흰구름」, 「염원」 등 어느 작품을 읽어 보아도 토속적이면서도 현대적이라고 부를 수 있는 상황이 잘 드러나 있다.
　오동춘님은 내가 아끼는 후배중의 한 사람이다. 십여 년에 걸친 고달픈 교단 생활에서도 그는 푸른 하늘의 마음을 잃지 않고 틈틈이 시작하는데 게을리 하지 않아 그 보람으로 101편의 응근 시집을 상재(上梓)해 냈다.
　이 시조집은 시조집을 읽는 즐거움을 알려주는 그런 데가 있다.
　이 시조집을 들고서 나는 흐뭇한 감동으로 탄탄한 그의 앞길에 격려와 축언을 보낸다.

　　　　　　　　　　1972년 이른 가을에

# 「짚신 사랑」의 뒤에

최 승 범
(전북대 교수·시조시인)

 이 땅에 신문학의 물결과 더불어 굽일기 시작한 새로운 시조에의 운동도 어느덧 6·70년의 나이테를 갖기에 이르렀다.
 그 동안에도 많은 애환의 고비를 넘기었지만 그 형식과 내용에 있어 소위 「신 시조」에 비하면 실로 오늘의 시조는 괄목의 경지를 보여주고 있다. 이제 3·4조의 잣수타령에 덩달아 다식판으로 다식을 찍어내듯 시조를 엮는 수작을 고집하려는 사람은 없다. 또한 흔히 빠져들곤 하던 천박하고 고루한 함정에서도 벗어나, 예술적인 멋과 사상적인 깊이·의지적인 굳건함을 곧잘 반죽하여 느긋이 시조에 담아내고들 있다. 자랑스럽고 흐뭇한 일이라 하지 않을 수 없다.
 시조를 대견히 여기는 것은 이 시형이 예로부터의 오랫동안 오직 우리의 것이었다는데에만 있는 것이 아니다. 따지고 보면 우리 겨레의 정감의 숨결을 타고 돈 만단의 리듬과는 뗄래야 뗄 수 없는 연줄로 맺어져 있는 것이라고 본다. 이러한 나의 시조관에 의견을 같이하는 선후배를 만나면 반갑기 그지없다.
 이번에 「짚신사랑」을 상재하는 오동춘 님도 시조로하여 더욱 친숙하게 된 벗 중의 한 분이다. 이 분과의 첫 인사는 외솔회의 모임에서였다. 그 자리에서 나의 어설픈 시조에 대한 이 분의 이야기를 들을 수 있었고, 그때부터 이분도 시조를 창작하는 동지임을 알았다.

뿐만 아니라, 그 후 받아보게 된 이 분의 몇몇 작품에서 사물을 바라보는 이 분의 정신적인 지주가 빈틈없는 한국적인 것으로 아주 틀스럽게 자리 잡혀 있는 점에 놀라움을 금할 수 없었다.

　　가시밭 천리 만리
　　내겐 먼 길 아닙니다.

　　당신 밖엔 모른 내 몸
　　뼛가루 날리도록

　　바쳐서 빛된
　　당신을

　　길이 보고 지이다.
　　　　　－「나라」에서

또한 이 첫시집의 이름인 「짚신사랑」에서도 우리의 많은 신발 중 하필이면 짚신이랴 싶지만, 바로 여기에 이 분의 정서적인 빛이 어려있다고 보겠다.

　　당신은
　　우리의 밑샘입니다.

　　당신은
　　우리의 본향입니다.

당신은
흘러 흘러 온
한얼입니다.
그 빛입니다.
　　- 「짚신(8)」에서

　옛 기록을 상고해 볼 필요도 없이 우리의 신발 중 가장 오랜 전통을 갖고 우리 겨레에게 가장 널리 애용되어 온 것이 짚신이었다. 이 「짚신사랑」은 곧 「나라사랑」인 것이다.

꿈 속도 시가 뜨는
내 가슴 골짜기

청빈 자랑물결
철철 넘쳐 시원하구나!

남이사 어찌 말하든
나는 나는 시인이고파.
　　- 「시인이고파」에서

　이 분의 시어구사에 좀은 생경한 점이 있다하여 이를 꼭이나 「옥에 티라」하랴! 틀스러운 정신적인 밑받침이 곱고, 또 이 분에겐 이미 시작을 위해서도 「한 목숨 바쳐 바쳐 하늘 향해 뻗치도록」 가꿔나갈 마음에 틀이 잡혀 있거늘.
　오직 오동춘님의 치렁할 시의 앞날을 거듭 빌 뿐이다.

1972년 9월 15일

# 「짚신사랑」 지은이의 말

오 동 춘

　먼저 부끄럽다. 참으로 부끄럽기 그지없다. 골백번 읽어도 글답지 않은 내 생명의 소리들을, 그래도 나만은 사랑했기에 알곡이 영그는 이 가을에, 온갖 어려움을 무릅쓰고 기어이 한 권의 책으로 엮어 세상에 내놓았다.
　정말 어설픈 출발이다. 서투른 걸음이다. 갈수록 지푸라기 하나 붙잡을 수 없이 더욱 고독할 내 앞길이 눈에 선히 어린다. 내가 나면서부터 주어진 이 시의 길은 죽도록 알뜰히 걸어가야 할 나의 책임임을 한시도 잊을 수 없다. 다가올 험한 가시덤불을 헤치면서 숙명적인 내 시의 길을 줄기차게 걸어가겠다.
　산이, 들이, 물이, 인심이, 너무 너무 좋은 산골 동네에서 찢어지게 맑은 가난으로 살면서 죽고 싶도록 쓰리고 아픈 삶의 고통을 앓고 살은 모든 체험이 문학에 병들게 하였고, 문학은 인간의 참가치를 일깨워 주었다. 다만 무디고 얇은 내 재주가 주옥편 하나도 엮지 못해 나의 가슴앓이 문학병은 이상 같은 천재들의 진단을 받을 수 없었다.
　참으로 서글픈 일이다. 오직 내면의 밝은 등불을 밝히고 인생의 진실을 거짓 없이 아름답게 살아가겠다는 내 뼈의 마음은 오늘까지 습작의 붓을 멈추진 않았다. 비록 엉성하고, 허술하고, 설익은 글이지만, 풀무에 달구어진 쇠가 망치에 수없이 두둘김을 당해 쓸모의 연장이 되듯 내 글도 피멍을 맺히도록 시련의 비판을 받아 나와 내 글이 함께 영그는 빛을 바라는 뜻에서 여러 스승님, 선배님, 벗들, 그리고 나처럼 가난을 즐기는 겨레 앞에 「송골시조집」을 햇빛 보게 한 것이다. 용서의 두 손이 모인 내 가슴이 자꾸 뛰고 있다.

외롭고 두렵기 때문이다.

한 가지 힘 있게 자신 할 수 있는 사실은 나의 짚신사랑이다. 역겹고 징그런 버림 속에 우리 울밖 멀리 내팽개친 짚신을 지극히 한 서민으로 살아가는 내가 내 가슴 길이 임으로 모신지 오래 되었다. 그 나긋나긋 보드랍고, 자유롭고, 평화롭고, 한결같고, 정답고, 소탈하면서 뼈질긴 우리의 핏줄, 짚신이야말로 우리 흰옷겨레 숨결과 넋이 스민 우리의 맥박이요 영원히 살아 갈 우리의 생명빛이 아니겠는가?

가을하늘처럼 한사코 소박 진실한 짚신은 「한국의 얼」이 아닐 수 없다. 우리 오천만 겨레가 샘물처럼 맑고 순수한 민족정신으로 다같이 사랑해야 할 짚신은 우리의 빛이요, 멋이요, 임자요, 뼈요, 자랑 빛난 유구의 문화재다. 오늘의 족보잃은 나그네들에게 그저 상가의 전유물이나 봉건 잔재물로 쓰레기 취급하듯 멸시 받을 존재는 결코 아니다.

우리는 짚신에 대해 시대역행이다! 비과학적이다! 비난의 화살을 쏘기에 앞서 스스로의 자아발견을 통해 나라안밖 어디 어느 곳에 살지라도 짚신은 한국의 얼이요 우리 핏줄, 우리 것임을 잊고 살면 안 되겠다. 그 때문에 일선 교단에서 여러 해 동안 나는 「짚신 정신」을 통해 교육의 주체성, 자주성을 부르짖어 왔고, 교육이념, 생활신조로 삼고 살아 가고 있다.

위와 같은 나의 사상 감정을 본다면 나의 처녀시조집 제목이 「짚신사랑」이 되어야 함은 두 말할 나위도 없다. 내용, 형식, 기교, 시어, 감각, 구성 등이 미적 승화의 시세계까지는 아직 이르지 못한 나의 부족을 스스로 반성하고 있다. 그러나 한편 한편이 영감이나 체험섞인 그대로의 사실적 표현임을 숨길 수 없다. 내 마음대로 내용에 따라 일곱의 장으로 갈래 짓고 편집했다. 한 평생 인간을 배우면서 글다운 글을 단 한편이라도 쓰겠다는 신념을 잊지 않고 괴로워도 행복한 시의 길을 꾸준히 걸어 나아가겠다.

끝으로 심히 덜 여문 나의 졸작들을 사랑으로 돌봐 주시고 잘 이끌어 주신 월하 이 태극 선생님과 시원찮은 두 바퀴로 마냥 고개를 오르는 수레 같은 내 숨가쁜 시들을 훈훈한 입김으로 따뜻이 밀어 주신 전규태, 최승범 두 선배님께와 이 졸저가 엮이기까지 동분서주 하시면서 힘껏 애써 주신 외솔회 총무 간사 박 대희님께 깊이 감사를 드립니다.

〈1972. 10. 7. 송골 씀〉

## 「짚신사랑」 다시 쓴 지은이의 말

　산 높고 물 맑고 인심좋은 고을 경남 함양 마천천이 내 고향이다. 나는 이 별천지 고향에서 어린날 할아버지가 삼아준 짚신을 신고 땅벌〈현가흥〉에 있는 거의 십리길 마천국민(현 초등)학교를 다녔다. 마천에서 짚신을 신어본 나는 서울 중·고교에서 교편을 잡으며 짚신을 실내화로 신으면서 짚신정신을 창안하고 짚신은 우리 조상의 빛난얼이 담긴 정신문화재로 생각했다.
　논밭의 흙에 살다가 물뭍에서 오랑캐가 쳐들어오면 짚신 신은 우리 조상들은 창과 활을 들고 오랑캐를 무찌르고 나라 겨레를 지켰다. 이런 조상의 빛난 얼이 짚신에 담겨 있기에 소박 진실한 가을하늘 같은 짚신정신을 우리 짚신겨레는 지켜살자는 것이 나의 주장이다.
　고등학교 학생들과 농촌봉사를 하며 나는 그간 열심히 써놓은 시조작품 101편을 월하 이태극(1913-2003) 박사의 서문, 월호 전규태(1933-2022), 고하 최승범(1931-2023) 시조시인 두 분의 뒷글을 함께 엮어 송골 첫시조집〈짚신사랑〉을 1972년 가을에 펴냈다.
　1958년도부터 부산날개문학회 동인으로 문학활동을 한 나는〈짚신사랑〉상재로 공식등단이 되고, 등단 5년 만에 박정희 대통령이 부르짖는 새마을정신에 부응되는 짚신연작시 20편이 게재된〈짚신사랑〉에 시부문 문공부 주최의 제2회 흙의 문학상을 받았다.
 소설에 오유권, 박경수, 희곡에 정복근과 함께 문화공보부 장관 김성진의 상장을 받았다. 나는 실제로 남녀 고교생을 데리고 10년간 강원도 횡성군 안흥면 월현리 덕초현 마을에 어린이지도 농촌봉사활동을 했다.
 문예진흥원이 주관하는 제2회 흙의 문학상 심사위원은 위원장 백철 위원 모윤숙, 구상, 김동리, 이근삼, 윤재근, 곽종원 등이다. 내 작품 〈짚신〉은 모윤숙, 구상 두 시인이 475편 중에서 뽑은 수상작품이다. 참으로 순수하게 하나님 은혜로 내가 시부문 수상자가 되어 다른 세 수상자와 함께 신문 방송의 집중 보도를 받았다.
 1978년 12월 8일 제2회 흙의 문학상 받은 날밤 우리집 축하전화가 빗발쳤다. 다음날 대신중3의 5반 제자들 우레같은 박수와 함께 해처럼 밝고 환하게 웃던 제자들 모습 지금도 추억 속에 기쁘고 그립다.
 흙의 문학상 제도는 3회에서 끝나고 반공문학상과 함께 대한민국문학상으로 바뀌었다. 자랑스런 흙의 문학상 수상시집 〈짚신사랑〉은 꼭 다시 발행하고 싶었다. 내가 처음 짚신을 신었던 경남 함양 마천의 짚신문학관 책꽂이에 〈짚신사랑〉을 자랑스럽게 꽂아 두고 싶다.
 많은 독자들이 짚신정신과 함께 나의 20권 시집(시조 포함) 가운데 첫 송골시조집 〈짚신사랑〉을 많이 애독해 주면 기쁘겠다. 시조집 출판에 애써 주신 문예사조 이재갑 발행인님, 이정호 실장님, 최선화 편집부장님에게 감사 드린다

2024년 10월 14일

# 짚신 가르침

[가] **짚신정신**
짚신정신 = 한국의 얼(소박, 진실한 가을 하늘 같다)

㉠ 가을 하늘의 심상
1. 드높다 2. 드맑다 3. 짙푸르다 4. 깨끗하다 5. 상쾌하다 6. 평화롭고 알뜰하다 7. 자유롭다 8. 참되다 9. 정의롭다 10. 씩씩하고 기백 있다 11. 어머님 품속 같다 12. 흰달의 마음이 서렸다 13. 소박하다 14. 진실하다 15. 바다같다 16. 솔얼이 있다 17. 사람의 거울이다 18. 늘 스승이다 19. 우러러 봄이 있다 20. 믿음직하다 21. 보람차다 22. 가멸차다 23. 한결같다 24. 흰옷 겨레 가슴빛이다 25. 흰옷 겨레 마음 그릇이다

㉡ 우리 짚신사상(겨레 가슴에 흘러온 얼)
1. 하늘 사랑 : 믿음, 소망, 사랑, 경천, 소신, 양심, 기쁨, 두려움 등을 배우게 된다.
2. 흙 사랑 : 진실, 근면, 협동, 성실, 소박, 정직, 고향 생각, 나라 생각, 단결, 생명의 신비, 온화한 사랑, 두루 쓰임, 부드러움, 다정함, 안식처 등을 배우게 된다.
3. 사람 사랑 : 인정, 사랑, 염치, 인사, 부끄럼, 사람값, 인간의 긍지, 관심, 생각, 말, 문화, 그리움, 섭섭함, 안타까움 등을 배우게 된다.
4. 물 사랑 : 양심, 창조의 힘, 근원, 아량, 용서, 추진력, 단결, 한마음, 희생, 희망, 끈기, 시원함, 꾸준함, 역사 등을 배우게 된다.
5. 소나무 사랑 : 지조, 신념, 정의 신의, 기백, 끈기, 한결같음, 자주성, 주체성, 자아 발견, 자아 성찰, 고고함 등을 배우게 된다.
6. 목화 사랑 : 자유, 평화, 순결, 아늑함, 포근함, 할머니·어머니 모습(사랑)을 알게 한다.
7. 바위 사랑 : 침묵, 인내, 건강, 신뢰, 투지, 지조, 육중함, 의젓함, 분수지킴, 기초, 재료, 소박, 진실 등을 배우게 된다.
8. 벼, 보리 사랑 : 기도, 겸손, 사색, 감사, 의지, 씩씩함, 초지일관, 평범 등을 배우게 된다.
9. 무궁화 사랑 : 기도, 무궁함, 애국애족, 지조, 끈기, 고상한 향기, 고운 꿈, 정다운 모습 등을 배우게 된다.

나 솔뼈 세 얼
  1. 거짓 없이 살자(참삶).
  2. 뼈 있게 살자(뼈삶).
  3. 빛 있게 살자(빛삶).

다 한흙솔 일깨움 몇 가지
  1. 피땀을 쏟아라! 그만큼 '빛삶'이 있다.
  2. '거짓'은 오래 '못' 간다.
  3. 약속은 지켜져야 한다.
  4. 시간은 화살보다 더 화살이요, 금보다 더 금이다.
  5. 인생은 연습이 없다. 일초일초 본 경기이다.
  6. 폭포수같이 움직여라! 바다가 있다.
  7. 삶의 무기는 늘 새롭게 갈고 닦아라.
  8. 가라지씨가 되지 말고 좋은 봄씨가 되자.
  9. 불효! 그것은 두고두고 씻을 수 없는 죄악이다.
  10. 잘 닦은 실력만이 참 실력이요, 결코 요행은 없다.
  11. 기회는 단 한 번, 왔을 때 놓치지 말라.
  12. 생각보다 먼저인 행동은 늘 후회만 낳는다.
  13. 참된 힘만이 힘이요, 정상이 정상일 뿐이다.
  14. 한 번 한 말은 취소 해도 안 된다.
  15. 삶은 싸움이다. 이겨야 산다. 그러나 선하게 싸워라.
  16. 제발 이웃을 헐뜯지 말라! 서로 믿고, 끌고, 돕고 뭉치며 방글방글 방그레 웃으며 살자.
  17. 얼간이가 되지 말고 얼산이가 되자.
  18. 거짓 백점보다 정직 영점이 낫다.

〈잠들어 안 깨면〉

오늘 밤 잠든 네가
내일 아침 잠 못 깨면
넌 고스란히 죽은 거야
다시 살 수 없어
그런데
날마다 살리시는
그분 감사 아는가?

네 무얼 그리 안다고
그분 마구 욕질인가
네 가슴 열고 보면
온갖 욕심 돼진데
잘났다
설치는 네 고개
아직 지옥 모르지

오늘 너 콱 죽으면
네 갈 나라 지옥불
그 불못 깊이 빠져
영원 형벌 겪어 보라
그래도
겁 없는 네 입
하늘 보고 침뱉겠지.

선대이서울 (44)

# 教壇서는 짚신 선생님

## 짚신 사랑 詩集도 내고

『짚세기 신고 왔네―』 TV연속극이나 대중가요 가사가 아니다. 대신 중학교 국어교사 吳東春선생(36)―별명 「짚세기 선생님」을 두고 하는 말이다. 짚세기를 신고 교단에 서서 「짚신정신」을 가르치는 吳선생의 짚신 人生.

「짚신 사랑이 곧 나라사랑이다」고 주장한 吳東春교사.

궁상떤다는 빈축 받아도 신념 못꺾어

「야. 저것 좀 봐」
「짚」
「선생님 신발 땅야!」
하아…
지난해 3월 신학기를 맞아 새로 부임해 온 吳東春 선생을 맞자 교실은 온통 웃음바다.
인사를 마친 吳선생이 커다랗게 짚신을 그렸다.
「이것이 무엇인지 아는 학생 손들어 봐요」
「예!」 「짚세기 신고 왔네」입니다」
吳선생은 한마디로 「가장 순수한 민족정신」이라는 이야기다.
「짚신은 우리 겨레의 얼이라고 할 수 있읍니다. 그 가운데 가장 서민적이고 거짓없는 물건입니다. 또…」
吳선생이 담임 맡은 2학년 자주정신의 표현인 의병과 우리의 조상이라든가 서민들의 동학농민봉기 등 민족의 얼을 가장 잘 나타낸 것으로 짚신이 등장. 그러나 짚신은 서민들이 자주 신던 신발이다.
그러므로 민족의 바탕이되는 땅과 인간에 있어서 짚신은 흙을 연결시켜 주는 고유의 신발. 짚신은 곧 민족의 얼을 뜻한다는 吳선생의 주장이다.
또한 짚신에는 손으로 바로 설 수 있고, 똑바로 살아가는데 없어서는 안될 동물과 달리 사람이란 땅과 직접 접촉하고 있는 것이다. 땅이란 사람, 민족이 살아가는 그 나름대로의 얼을 가지고 있다.
신발이란 땅과 직접 접촉하고 있는 것이다.
그러므로 민족의 얼을 내려고 하는 데에는 그대로 짚신을 신고 다닌다는 것. 많은 경우에도 하필 짚신으로 민족의 얼을 나타내어 가르치기 위해 일부러 짚신을 신고 다닌다는 주장이다.
학생들에게 우리말과 민족사상의 흐름을 짚신으로 가르치기 위해 吳선생이 처음 교단에서 65년 S영상에서는.

원　第 2 回

# 흙의 文学賞

日時 · 1978年 12月 8日 下午 3時
場所 · 本　院　講　堂

主催 · 韓國文化藝術振興院

## 大　統　領　賞　　（該当作없음）

## 文化公報部長官賞

◎ 受賞作 「짚신」(連作時調)

### 吳　東　春

本　　籍 : 경상남도 함양군 마천면 강청리 629
住　　所 : 서울시 강서구 화곡동 61-114
生年月日 : 1937년 4월 20일
經　　歷 : 대신고등학교 교사
　　　　　문협, 외솔회 회원
　　　　　1972년 문단등단
　　　　　1972년 시조집「짚신사랑」출간
　　　　　1974년 시조집「산도라지」출간

〈作品槪要〉
　1970年부터 1978年 사이에 발표된 20回에 걸친 連作時調로서 伝統的인 形式을 現代的인 感覺으로 再構成하면서도「짚신」을 통해 韓國的인 이미지로 昇華시키고 있다. 그리고「짚신」이 단순한 신발로서가 아니라 논밭을 메고 길쌈을 하는 勤農의 象徵으로 形象化하고 있으며 土房의 따스한 情緖를 풍겨주고 있다.

## 심사위원

위원장 : 백 철
위　원 : 모윤숙, 구 상, 김동리, 이근삼, 윤재근, 곽종원

212 _ 오동춘 첫 시조집(1972)

경남매일(1978. 12. 7)

## 제2회 흙의 문학상 수상 축하 전보

송골이 1978년 12월 8일 문화공보부 주최 문예진흥원 주관 시부문 제2회 흙의 문학상을 동숭동 문예진흥원 강당에서 문공부 김성진 장관으로부터 받았을 때 그날 밤 우리집 축하전화가 빗발쳤고 언론에 12월 5일 보도가 나간 이후 축전이 들어 왔다. 아래 축전을 고맙게 받았다.

- 아래 -

1. 허귀송 : 짚신 흙의 문학 수상 축하함.
   〈해방진해기지 정훈 참모, 흥사단 단우 1978. 12. 6〉
2. 최철해 : 영예로운 수상을 축하합니다.
   〈정음사 사장 1978. 12. 6〉
3. 이성수 : 축, 흙의 문학상 수상.
   〈흥사단 단우 1978. 12. 6〉
4. 곽종원 : 영예로운 제2회 흙의 문학상을 축하합니다.
   〈외솔회 회장 1978. 12. 6〉
5. 신세훈 : 기쁜 소식 듣고 진심으로 축하합니다.
   〈신세훈 시인 1978. 12. 6〉
6. 우인섭 : 영예로운 포상을 받으심에 삼가 축하하나이다.
   〈국제대(현 서경대) 교수 1978. 12. 6〉
7. 이창훈 : 축 흙의 문학상 수상.
   〈숭의여대 학장 1978. 12. 6〉
8. 리정룡 : 흙의 문학상 수상에 축의를 보냅니다. 시의 나무에 두루 깊은 뿌리 내리소서. 〈시조시인 1978. 12. 7〉
9. 김덕영 : 기쁜 소식 축하 하옵고 더욱 행운과 발전을 빕니다.
   〈한글운동가 1978. 12. 8〉
10. 이창기 : 기쁜 소식 축하하옵고 더욱 행운과 발전을 빕니다
    〈흥사단 단우 1978. 12. 9〉

LITERARY KUDOS (Right) — Winners of the government-sponsored Huk (earth) Literature Award pose for a group photograph together with literary celebrities and Minister of Culture and Information Kim Seong-jin (center, back row). They are (from left, front row): novelist Oh Yu-gwon, poet Oh Tong-chun, playwright Miss Chong Pok-gun and novelist Pak Kyong-su.

KOREA Newsreview(1978. 12. 23) (해외에 나간 제2회 흙의 문학상 보도자료)

짚신사랑 _ 215

## 新刊 時調集 「짚신사랑」 吳東春 著

짚신사랑 오교사가 알려져
동 1 백 2 편의 작품을
기품이 있고 한 수 한 수가 활달한 품새는
인간생활의 응축적 표현이란 감이다. 그러나
신사랑이 담긴 작품이라고 하는 데는
情感이란 돋구어
보이고 있어 진실한 인생을

《신아일보 1972.12.14》

## 書評 吳東春 時調集
## 「짚신 사랑」 73.2.22.

### 한국적 詩語의 技巧

교사 朴 裁 陵

近來에 한국적 詩의 확립을 위한 운동이 대두되고 있다. 한국적 詩란 두 概念으로 일컬을 수 있을 것이다. 한국적 詩語의 발굴과 한국적 世習의 生命化가 그것이다. 吳東春 詩集 「짚신사랑」은 前者에 속하는, 한국적詩語의 테크닉에 한 면을 보이는 時調集이다. 그의 詩調는 士着化된 우리들 內密속에서 아쉽게 엿혀져 가는 그것들이다.
우리는 現代의 메커니즘的 상황에서 과연 그것이 필요한가 하는 반문도 갖겠지만, 우리들 바

땅과 생명을 키우고 있는 그것이라는 것을 반성하지 않을 수 없다. 물론 그의 詩엔 과도한 詩語 테크닉으로 인한 情緖的 응용의 빈곤이 뒤따르지 않는 것은 아니지만, 활발한 時調 메커니즘을 活用하는 작금 詩壇에 한 국적 詩語의 명맥을 보태고 있는, 한 단면임은 분명할 것이다. 이 時調集에서 보인 知的 詩語 확립의 이미지 試圖가 나아가선 앞으로 하나의 生命化한 세계를 굳건히 구사할 수 있는 力量을 보이고 있다.

1973. 2. 22. 왕학소문 (대신고교)

오동춘동문(62년 국문학과) 첫 시조집 「짚신사랑」을 지난 10월 출간했다. 시조 백여수를 모아 펴낸 이번 송글시조집에는 그가 항상 아껴오던 짚신의 사랑과 정신이 듬뿍 담겨져 있다. 오동문은 현재 대신중고교에 재직중이며 한글학회, 외솔회 회원과 모교 교육대학원 원우회 부회장을 맡고 있다.

연세소식 1993. 겨울
(5권 1호)

## 송골 시조집 「짚신사랑」 <출간>
### 오동춘선생 작품집

본교 송골 오 등춘 선생님께서, 11월26일 학예사 출판 송골 시조집 「짚신 사랑」을 내 놓으셨다. 선생님께서는 항시 한국 고유의 멋 짚신에서 민족의 얼과 생활의 자세 등을 일깨워 오셨는데 이번에 제자들을 가르치기에도 바쁜 시간을 틈내 틈틈이서 오신 시조들을 총 정리하여 출간하시게 된 것이다.

송골 시조집은 아담한 표지와 전 154P에 달하고 「송골 서시」를 비롯한 102편의 시조가 수록되어 있다.

양희신문 (56호. 따산중2로)
<1972. 12. 9>

■송골시조집
짚신사랑
오랫동안 시조집에 정진해오던 송골 오동춘씨의 작품집. 신문학의 불의 품세계를 꾸준하고 뛰어난 의작가 해준 7백

■송골시조집 짚신사랑
그동안 시조동호인 여러 사람들의 피와 땀으로 결실을 본 시조집이 발간되었다. 수많은 작품들은 한결같이 노력으로 그동안 문학사를 이끌어왔던 시조에 있어 한 자리를 차지하는 가작품에 대한 평이 있으며 여기에는 사랑, 염원 깊은 작품을 발표해왔다...

주간학 1972. 12. 17

송골 시조집 「짚신사랑」
「내면의 밝은 등불을 밝히고 거짓없이 아름답게 살고픈」

송골 오동춘씨의 첫시조집이 이번 학예사에서 발간되었다. 그 동안에 꾸준한 작품 활동과 함께 「온밖에 펴졌어진 짚신하나」 만이라도 아끼는 마음에서 송골 오동춘씨의 첫시조집 「짚신 사랑」에는 우리가 자칫 소홀히 하기 쉬운 자연에의 짚신사랑, 겸허한 멋이 있다. 학예사 발행 1백 54면 양장 정가 7백원 국판
<文>
1972.12 주간대서

주간여성 1972.12.

■예술·오동춘 四·六版·七○○원  
고유의 정서적 음미적 풍경과 자연, 생활을 주제로 한 충향편력 연작시조집 「짚신사랑」 오동춘시조집

조선일보. 1972. 12. 5

예술·오동춘時調集「짚신사랑」노작 一五四면, 七○○원 「짚신사랑」을 수록한 고등학교 국어교사 오동춘씨의 충향편력의 첫時調집

동아일보 1972. 12. 5

오동춘 시조집 「짚신사랑」 <4×6판> 학예사 펴냄 1백 52페이지 값 7백원

서울신문 1972. 12. 7

짚신사랑 _ 217

팔순 축하의 글

# 나의 60년 친구 오동춘

장 수 영
(전 포항공대 2대 총장)

우리는 1954년 4월 강문고등학교(현 용문고)에 같이 입학하였다. 내 기억에는 입학시험에서 오동춘이 1등, 박한경이 2등, 내가 아마도 3등이었던 것 같다. 휴전이 된지 불과 8개월 후라 당시 한국은 세계 최빈국이었다. 지금 60대 이하의 사람들은 상상도 할 수 없을 정도로 가난했다. 1960년 일인당 국민소득이 80불이었으니 1954년에는 그보다도 낮았을 것이다. 전국의 발전용량이 15만 키로왓트였으니까 지금으로 보면 인구 10만정도의 도시에서 사용할 수 있는 전력에 불과하였다. 그러므로 자주 정전이 되었고 전기다리미를 쓰면 벌금이 부과되었다.

고등학교에는 배속장교가 있어서 자주 군사훈련을 받았고 툭 하면 시가행진을 하곤 하였다.

그래도 훌륭한 선생님들이 많아서 후에 고려대학교 교수가 되신 송기철 선생, 신일철 선생, 미국에 가서 교수가 되신 김상남 선생, 조병율 선생과 인하대학교 교수가 되신 정기호 선생 등이 우리를 가르치셨다. 오동춘과 나는 이증모와도 친해서 우리 셋을 삼각형 친구라고 불렀는데 우리 셋은 나중에 백과사전을 만들자는 큰 꿈을 가지고 있었다.

오동춘은 고등학교 시절에는 법률가가 된다는 생각을 가졌었는데 대학에 입학하면서 문학의 길로 들어섰고 이증모와 나는 공대로 진학하게 되었다. 고등학교 졸업한 후 우리가 마포에 살 때 오동춘도 아현동에서 살았기 때문에 자주 왕래가 있었다.

내가 공군에서 군생활을 할 때 오동춘은 해병대에 입대하여 정훈과에서 신문과 회보 만드는 일을 한 것으로 안다. 나는 제대 후 바로 미국유학을 떠나서 1986년 귀국할 때까지 21년을 살았는데 두 달에 한번정도 끊임없이 편지왕래가 있었다. 지금은 이메일이 있지만 그렇게 자주 편지를 할 수 있을 정도로 우리는 가깝게 지냈다.

오동춘은 애국자이다. 짚신문학회를 만들어서 아직까지 활발한 문학활동을 하고 있으며 흥사단과 한글학회에서도 많은 활동을 하고 있다. 애국가의 작사자는 바로 도산 안창호 선생임을 굳게 믿고 있다. 나도 많은 독립운동가 중에서 안창호 선생을 가장 존경한다. 오동춘은 자신의 모교인 용문고등학교와 연세대학교에 대한 모교애도 남다르다. 그것은 제자들에 대한 사랑도 특별한 것으로 이어진다.

지금도 나에게 편지할 때에 반드시 나의 아내와 애들의 안부를 묻는데 나는 그렇게 하지 못한다. 그래서 지금도 그에게서 끊임없이 배우고 있다.

팔순 축하의 글

## 한글사랑의 큰 스승
- 송골 오동춘 선생 팔순을 기리며

이 근 배
(중앙대 초빙교수·대한민국 예술원 부회장)

　나랏말씀 사랑이 이러하였다. 한글사랑에 이러하였다. 겨레의 얼, 말, 글의 가락을 담아내는 시조 사랑이 이러하였다.

　송골 오동춘 선생은 참글을 드높이 탑으로 쌓으신 큰 시인이시고 교단과 대학 강단에서 한국문학을 깊이 있게 가르친 석학이시고 한국시조시인협회, 외솔회, 세종대왕기념사업회, 한국국어교육학회, 한국문인협회, 국제펜한국본부, 현대시인협회 등에서 공헌과 업적을 세우신 한국문단의 원로이시다.

　저 강점기 일본군의 땅 일본에서 태어나 광복과 더불어 찾은 고국에 와서 어려서부터 남다르게 한글공부와 글쓰기에 뜻을 세우고 스무 살 안팎부터 소설, 시 등을 교지 등에 발표 문명을 떨치기 시작하였다

　1972년 시조집 "짚신사랑"을 들고 나왔을 때 송골 시인은 이미 한국시조단의 기린아로 우뚝 서 있었다. 눈부셔라 그 이름 소나무의 뼈대 송골(松骨)이듯 향가에서 뻗어오는 이 나라

시가(詩歌)의 억센 뿌리와 곧은가지를 뻗어 천년의 솔바람 푸른 향기를 내뿜고 있어라.

반백년토록 어느 하루도 붓을 놓지 않고 글쓰기에 정혼을 바쳐 저서만 해도 시조집을 비롯 20권을 헤아리니 이로써 문학세계의 독보적 경지를 이룩하였어라. 한 권의 사화집이 출간될 때마다 어김없이 상훈(賞勳)이 주어졌으니 "흙의 문학상" "기독교문학상" "노산문학상" "연세교육인상" "외솔상" "매천황현문학대상" 등을 비롯 많은 포상을 받았어라. 한편으로 문단과 학계의 중추적 지도자로 경륜과 역량을 쏟아 우리 시대 문학에 활력을 불어넣었어라.

송골이시여, 백두나 금강, 지리 이 나라 산천에 눈서리 이기고 서 있는 푸른 소나무여, 이제 팔질(八耋)의 거목이 되어 더욱 강령하시어 송령학수(松齡鶴壽) 누리소서. 경하하고 감축합니다.

※ 이근배 시인은 2020년 전후예술원 회장 역임함

팔순 축하의 글

## 내가 본 송골 시인
- 팔순에도 풋풋한 '짚신의 향기'를 시에 오롯이 담아내다

### 설 성 경
(문학박사, 문학평론가, 연세대학교 명예교수)

송골 시인이 걸어온 삶의 고유한 빛깔은 무엇일까? 이런 질문에 대한 답은 사람들에 따라서 여러 갈래로 나누어질 것이다. 그러나, 오동춘 박사라는 이름을 가진 송골시인의 대명사가 무엇이냐는 질문이 나에게 주어진다면, 민족고전 〈춘향전〉 오랜 연구자로서 지금은 순국시인 〈윤동주〉의 시를 연구하고 있는 나는 주저없이 '짚신정신'이라고 말할 수 있다. 송골시인은 나의 대학 선배로서, 일제강점기의 어둠 속에서도 '나라사랑', '겨레사랑'을 선구적으로 일깨우던 연희전문의 스승들로부터 물려받은 연세정신을 '짚신정신'으로 승화시키는 '참삶' '뼈삶' '빛삶'을 솔선하여 보여줌으로써 대중들의 의식은 물론, 사회와 나라를 이끌어가는 지도층의 행동에까지 애국 복음시로 일깨워주며 80 성상을 아름다운 고난의 길에서 벗어나지 않은 빛깔이 선명한 한국문인이다.

문단에서 높은 평가를 받았던 〈흙의 문학〉이란 주제 위에 창작된 일련의 주옥같은 '짚신 시'에서 볼 수 있듯이, 그가 내세우는 '짚신'은 황금신발도 반짝이게 광을 낸 검은 구두도 아니다. 길고 무더운 여름을 견뎌낸 가을의 황금들판과 연계

된 개인을 넘어서는 집단적 이미지요, 거시적이고도 역사적 풍광의 이미지를 갖춘 소박하면서도 화려한 한국적 토속성을 듬뿍 풍기는 민속 시어로서의 '짚신'이다. 낡아 보이기에 더욱 새로운 혁신과 창조의 모태와도 같은 이미지를 담고 있는 전통과 고향집 초가삼간 지키며 살아가던 종가집 맏며느리로서의 중년을 갓 지난 어머니들의 향내가 충돌하면서 빚어내는 세계 유일의 창조적인 시어다.

우리의 육신, 우리의 발바닥이 흙과 닿는 경계에서 신으로서의 역할, 벼가 자라 알곡은 밥이 되고, 껍질은 초가집의 이불이 되어주고, 끝내는 소의 먹이도 되고 사람의 발을 보호해주는 신발의 역할까지 해주는 다양한 상징이 '짚신'이다. 예전에는 그 이미지가 친근했지만, 지금은 그 기능과 이름을 잊어가는 것에 대한 참회와 각성의 마음이 '짚신정신'을 다시금 새겨보는 이 시점에 나에게 제일 먼저 와 닿는 생각이다.

송골시인은 일찍이 "짚신은 한국의 얼이요, 우리의 빛이다. 민족정기를 이루는 문화의 상징체다. 우리는 짚신겨레이다. 농업을 천하의 으뜸뿌리로 삼고 흙을 사랑하며 흙에 땀방울 쏟아온 우리 짚신겨레의 역사는 참으로 찬란하고 짚신으로 한국의 얼을 창조한 것이다. 짚신을 신고 논밭에 열심히 땀을 쏟다가도 우리나라의 울타리에 오랑캐가 쳐들어오면 호미 괭이 쥐던 손에 창과 활을 들고 목숨 바쳐 싸우며 나라를 건진 것이다."라고 하여, '짚신정신'의 개념을 구체화 하였다.

송골 시인은 나의 존경스런 선배로서 연세대학 시절 4·19 혁명 때는 시위의 선봉에서 행동하는 젊은 지성인의 자세를 보여주었다. 이런 정신은 학문으로 이어져 위당 시조 연구로

박사학위를 취득한 국문학자요, 도산 안창호 선생에 대한 존경심을 애국가 작사 연구의 권위자로서 당당히 지래매김을 한 민족학자로 이어졌다.

그 뿐만 아니라 송골시인의 삶은 흥사단 활동을 통하여 도산 안창호 선생의 정신을 따르고, 대학에서 만난 외솔 최현배 선생에 대한 남다른 추앙심을 가지고 한글학회, 외솔회, 세종대왕기념사업회 등을 통하여 한글문화 운동에 선구적 역할을 맡아온 우리 국어운동사에서도 그 빛을 찬연히 드러내었다.

송골 시인은 21세기가 밝아오는 여명에, 자신을 따르는 연세대학교에서의 문학제자들을 주축으로 〈짚신문학회〉를 출발시켰다. 1999년의 〈짚신문학〉 창간호에서, 초대시를 소개하면서 가람 이병기, 위당 정인보 선생의 시조들과 더불어 윤동주 시인이 1936년 1월 6일에 지은 〈고향집〉을 소개하였다.

> 헌 짚신짝 끄을고/ 나 여기 왜 왔소//
> 두만강을 건너서/ 쓸쓸한 이땅에//
> 남쪽 하늘 저 밑에/ 따뜻한 내고향/
> 내 어머니 계신 곳/ 그리운 고향집.//

윤동주 시인은 연희전문을 졸업할 때에는 〈서시〉를 짓고 이어서 졸업 작품으로 〈간〉을 지었다. 〈서시〉에서는 "나의 길을 걸어 가야겠다."고 하였고, 단 9일 후에 쓴 〈간〉에서는 '코카사스 산중에서 도망해 온 토끼처럼' 살고자 하여, 자신을 투사한 '토끼의 간'을 하나님과 겨레와 스승 외솔 선생의 상징인 독수리에게 바쳤다. 이를 통해, 춘향을 핍박하는 변부사와 같은 존재, 일제 강점기에 나라를 도적질한 일제를 상징하는 존재로 의인 '프로메테우스'를 사칭한 '푸로메드어쓰'를 시어로 창조하여 문학으로 징벌하였다.

윤동주의 삶과 시정신, '헌 짚신짝 끄을고'온 그가 찾아 헤메던 '어머니 계신 곳/ 그리운 고향집'의 그 소재로서의 '짚신'은 그의 자랑스런 후배 송골시인에 의하여 광복한 이후에 상실해가는 조선의 아름다운 영혼을 회복하고 지키고자 '시정신'으로 짚신정신으로 꽃을 피웠다. 이 '짚신정신'의 표상 뒤에는 농경문화의 풍요롭고 행복한 사랑의 시대가 있고, 다시 그 뒤에는 바이칼 호수를 뒤로 하고 남으로 남으로 내려오던 유목민족의 원형적인 문화유전인자가 녹아 있다.

자칫, 이 표상아래 갈무리된 원형과 본질을 외면한 채 현상의 인식에만 머물고 있는 이들은 자칫 '온고지신(溫故知新)'이 지향하는 '짚신정신'의 무지개를 보지 못 할 수도 있다. 그 무지개는 이육사 시인이 남겨준 '강철로 된 무지개'같은 한 차원 높은 상징의 세계가 존재하기 때문이다.

이제 그 열정적인 삶의 여정은 세상의 연대기로 80년의 궤적을 시로 그려내어 '팔순 기념시집'으로 보여주었다. 이 시집의 가장 높은 위치에 올려놓고 싶은 것은, 역시 '문이재도(文以載道)' 정신의 실현일 것이다.

'시'라는 문학을 통해 전통적 유가사상과 겨레사랑의 바탕 위에 기독교 복음정신을 아우르는 학자이며 장로인 송골시인의 맑은 양심에서 솟구치는 풋풋한 짚신의 향기가 오늘날 우리들의 가슴 속으로 더욱 깊이 파고들기를 바라는 마음 간절하다.

팔순 축하의 글

# 1975년, 그날의 울림
- 송골 오동춘 스승님 팔순을 기립니다

김 태 선
(한글나무 1기, (전)신한은행 지점장)

송골 오동춘 선생님 팔순을 맞이하니 1975년 그 날이 떠오릅니다. 현재의 한글학회 건물을 신축하기 전인 아담한 목조 단층건물이었던 뒷마당 뜰에서 멍석을 깔고 앉아 전국 국어운동고등학생연합회 창립에 참여한 후 매주 토요일 방과 후 활발한 토론과 가두 계몽활동을 펼쳤던 것이 엊그제 같은데 어느덧 42년이라는 세월이 흘렀네요. 많은 부분에서 미숙했지만 "우리말(글) 사랑, 나라 사랑"의 굳은 신념으로 열정을 불태웠던 시간이 새록새록 떠오릅니다.

청소년기의 올바른 우리말 사랑을 통한 나라사랑이라는 건전한 사고는 이후의 사회생활은 물론 저의 가치관마저도 올바르게 정립되는 귀한 시간이었습니다. 토론 말미엔 늘 짧지 않은 선생님의 훈화말씀이 언제 끝나나 하며 귀여운 눈짓을 몰래 주고 받던 친구들의 모습이 정겹게 떠오릅니다.

여러 상념에 빠져 울컥하여 창립 선언문을 꺼내 읽어보았습니다.

## 창립 선언문

  우리는 한글세대로서 우리말, 우리 글, 우리 얼을 더 크고 넓게 지켜 펴기에 앞장서서 억만년 길이 갈 우리 한글문화 창조의 기틀을 마련하기 위해 분연히 일어섰습니다.

  더욱이 오백년이 넘는 긴 역사 속에서도 광복 30년이 된 오늘날에도 한글은 가싯길 속에서 그 전부의 빛을 마음대로 발휘하지 못하는 이 비극을 하루 속히 멈추게 하고 나아가서 우리말을 깨끗하고, 쉽고, 바르고, 풍부하게 하여 우리 문화 발전의 줄기찬 물줄기를 온 누리에 흐르게 할 것입니다.

  우리는 우리의 미약한 힘을 바쳐 한글 전용의 시대적 명제를 부정하는 일부 어른들의 시대착오적 태도는 우리 문화를 퇴보시키는 일에 지나지 않음을 우리는 잘 압니다. 분별없는 외래어 남용, 더럽혀진 말들이 판치는 우리 언어 사회를 밝고 깨끗하게 하는데 우리의 조그만 힘을 보탤 것입니다.

  우리는 이 운동이 나라 사랑이요, 겨레 사랑의 디딤돌이 됨을 믿어 의심치 않습니다. 세계에서 으뜸가는 우리글을 두고도 우리 선조들이 한자의 노예가 되어 나라까지 잃었던 슬픈 역사를 우리는 되풀이하지 않을 것입니다.

  국어 운동의 횃불을 들고 일어선 우리 한글세대는 피 끓는 조국애로 기어이 한글만의 우리 생활, 한글만의 아름다운 사회 건설을 이룩하고 말리라고 굳게 다짐합니다.

1975년 2월 22일

전국 국어운동 고등학생 연합회

지금 읽어 보아도 비장합니다. 많은 어려움에도 불구하고 현재 대한민국은 세계 최고의 정보통신국가로 우뚝 섰는바 이는 한글이 없었으면 불가능한 일이었죠. 모든 언어가 꿈꾸는 최고의 알파벳이라며 극찬을 아끼지 않았던 영국의 존맨.. 인류의 위대한 지적유산 가운데 하나라 말한 언어학자 제프리 존슨.. 이렇듯 외국의 학자들이 입을 모아 완벽한 알파벳이라 칭송하는 한글은 우리의 자랑이자 축복이라 생각합니다. 돌아보매 미숙하고 부족한 우리를 한결같이 넓은 마음으로 품어주신 선생님께 다시한번 머리 숙여 감사드립니다. 어느덧 그 어린 학생들은 사회 각 분야에서 제법 영리한 사회인이 된 듯한데 45년째 살고 계신 지금의 화곡동 댁은 지난 세월 따라 그렇게 작아졌음에도 여전한 우리글 사랑, 나라사랑, 시조사랑의 예쁜 꿈을 그리고 계신 참바보 선생님.

선생님 존경합니다. 사랑합니다. 건강하소서.

▲ 오동춘 팔순 잔치 축하 꽃 앞에 선 송골 오동춘 시인(오른쪽), 이실태 목사님(2017. 5. 17 연세동문회관에서)

## 나의 송골 법대의 꿈

오 동 춘

　누구나 사람은 귀한 존재이다. 사람 생명의 가치는 천하를 주고도 바꿀 수 없다. 성경이 그렇게 말한다. 사람이 살다 보면 "그런 법이 어디 있나" 말할 만큼 법에 어긋나게 살아가는 사람도 있다.
　여러 가지 살기 다툼 가운데 억울한 일도 당하고 송사사건에 불공전한 일도 당할 때가 많이 생긴다. 피고 원고가 바뀌는 재판 결과도 나오고 심지어 사법 살인이란 말도 시중에 나오고 유전무죄 무전유죄라는 말도 나왔다. 과연 사람 위에 사람 없고 사람 밑에 사람 없는가. 천부의 인권을 타고난 사람은 누구나 평등한 권리를 갖는 존재이다. 사람이 사람도리를 다 잘하며 윤리 도덕적으로 사람답게 살아가야 존경 받는 존재가 된다.
　내가 팔십고개 마루에 서서 인생을 되돌아 보니 첫째 양심, 둘째 정직, 셋째 순수, 넷째 겸손, 다섯째 소망, 여섯째 신뢰 있는 인간으로 모두 살아가야 하겠다는 생각이 들었다. 이런 사상으로 국민이 사는 사회는 밝고 행복한 살기 좋은 낙원 누리가 되리라 믿는다.
　나는 어떤 소망을 품고 어떤 길을 달려 왔는가 하나님을 믿으면서 십자가의 길, 한국의 얼이 되는 짚신길, 참삶, 뼈삶, 빛삶의 솔뼈길로 달려 왔다. 이상은 높게 노력은 줄기차게 해야 꿈이 익을 것이다. 어려서는 무릉도원인 함양 고향의 자연에 심취하여 시인의 꿈을 품었다. 그리고 초·중·고·대학에서 공부하며 법관, 대학 총장, 대통령 꿈도 품어 보았다. 그러나 대학재학 중 통일운동을 하다 겪은 잠깐의 인생 고통이 내게 교훈이 되어 정치 소망은 버렸다 고교 때부터 자유당 정치가 극도에 이른 정치 부조리와 부정부패를 보면서 법과 양심의 바른 법관으로 법치국가 민주국가 대한민국에 법이 살아 있는 살기 좋은 바른 나라를 이룩하는 데 법관도리를 다 해 볼 꿈을 꾸어 보았으나 그 첫 관문인 서울법대 진학 실패로 좌절되고 말았다.

초등학교 때부터 글짓기에서 담임선생 칭찬을 받던 나는 중학시절부터 꾸준히 일기를 써 가며 시 습작에 땀을 쏟아 시의 길로 가는 시인의 꿈은 삼십대에 와서 좀 늦게 이루었다.

인맥, 금맥, 지맥의 배경이 없는 나는 대학 총장은커녕 교수 자리도 쉽지 않았다. 1960년 4·19 대열에 참여하여 "부정선거 다시 하라" 외치고 신촌 하숙방에 돌아 온 나는 나 자신이나 나라나 겨레가 뼈가 뼈대가 있어야 중심 있는 사람 주체성 있는 나라 겨레가 되겠다고 생각했다. 그래서

나부터 뼈있게 살아야겠다고 스스로 아호를 송골(松骨)로 지었다. 사육신의 하나인 성삼문(1418-1456)의 충의가인 시조에서 낙락장송과 독야청청의 소나무의 깊고 푸른 지조를 본받는 영향도 컸다. 송골은 지조의 상징이다.

그 후에 더해 지은 한흙솔 새봄 아호도 있으나 4·19 이후 송골 아호를 즐겨 쓰고 있다. 나라가 뼈가 약하여 얼빠진 을사오적의 매국노들 행위로 을사늑약이 체결되고 끝내 1910년 8월 29일 경술국치를 당한 뼈아픈 역사는 두고두고 씻을 수 없는 짚신겨레의 수치요 천추의 우리 원한이 아닐 수 없다. 올해로 107년의 국치일 8월 29일을 맞는다. 국치일을 해마다

맞으면서 일제에 협력하여 땅을 사놓은 일제 친일 재산을 악덕 변호사를 앞세워 뻔뻔스럽게 회개도 없이 상속이나 받듯 할아버지 아버지 이름의 등기를 자손 앞으로 만드는 이런 파렴치한 행위도 용서되는 것이 과연 법대로의 바른 사회 일인가? 한심하기 그지 없다. 일제시대 도산 안창호 같은 애국지사를 변호한 초대 대법원장 가인(街人) 김병로(1887-1964), 초대 법무부장관 애산(愛山) 이인(1896-1979) 같은 애국 법조인을 바라는 마음에서 나는 송골법대를 생각한 것이다.

이와 같은 송골법대 설립의 꿈을 가슴에 품고 나는 20여개 대학에 출강하는 자유교수로 연구교수로 뛰면서 동서남북을 힘껏 뛰며 교육에 몸 바쳤다.

나의 교육철학인 거짓 없이 살자〈참삶〉, 뼈 있게 살자〈뼈삶〉, 빛있게 살자〈빛삶〉을 송골 교육철학으로 하여 제자들 가슴에 장차 나라의 큰 일꾼이 되는 교육을 했다 중고교 교사시절엔 짚신을 실내화로 신으며 한국의 얼이요, 우리빛인 짚신정신을 통하여 애국애족 정신을 깊이 심었다.

양심과 정의가 살아 있는 법조인 제자가 많이 나오길 기대했다. 한글나무 모임에서 대신고교 출신 소진 제자가 서울법대를 거쳐 사법고시를 뚫어내고 검사가 되었다. 정의의 검사 양심과 법이 살아 있는 검사가 되도록 당부했다. 한글나무 모임 큰잔치 행사 연극 연출 때 한자혼용재판 검사역을 맡더니 진짜 검사가 된 것이다. 검찰총장, 법무장관까지 기대했는데 지금 정의의 변호사 길을 걷고 있다.

자랑스런 제자들은 25년간 지도교사로 한글사랑 나라사랑 교육을 한 한겨레 한글나무 고등학생 모임에 있다. 그리고 1999년에 3.1절날 삼일정신, 한글정신, 짚신정신으로 우리말 우리글 우리얼 사랑으로 나라 겨레를 사랑하는 문학단체인 짚신문학회에 꿈 푸르게 활동하는 제자문인들에게 있다. 신경여상, 영도중, 영등포공고, 중앙여중고교, 대신중고교 등 4개 중고교, 연세대, 한양대, 총신대, 서울여대, 성신여대 등 20여개 대학강단에 서서 한글의 가치, 삶의 방향이나 목표가 될 참삶, 뼈삶, 빛삶 그리고 나의 기도제목인 하나님 사랑, 나라사랑, 가정사랑, 제자사랑, 시문학사랑을 가르쳤다. 교육자, 시인, 한글운동가, 국문학자로 열심히 보람차게 살아 온 것이다.

그런데 고교시절부터 목표로 생각했던 송골법대 설립 꿈은 팔순 고개에 이르도록 이루지 못했다. 송골 꿈의 미완성 과제인 것이다. 물질 권세 명예와 멀리 살아 가는 나는 송골법대 설립의 첫째 난관이 설립 기초예산문제였다.

본관 기숙사 도서관 강당 등의 기본시설 건축 예산이 전혀 없는 것이다.

교사, 대학강사, 보수로 입에 풀칠도 근근이 해가는 처지였다. 그렇다고 재벌의 금고를 의지하기도 엄두가 나지 않았다. 뜻있는 사회독지가의 찬조도 기대하기 어려웠다. 지금이라도 하나님 뜻에 따라 송골 법대가 설립되길 기도하고 있다.

설립장소는 농촌봉사를 10년간 갔던 강원도 횡성, 옛 고려 서울 강화도, 나의 정든 고향 함양 등지로 생각해 보았다. 법학과 50명만 뽑아 모두 4년간 장학생으로 기숙사에서 공부하도록 계획을 잡은 것이다. 공정한 선발과정을 거쳐 입학하고 졸업하면 빛과 소금의 법조인이 되는 것이다. 유수한 법학 교수진을 세워 모범교수의 강의를 듣게 하는 것이다.

입법 사법 행정 3부에서 일하는 송골법대 출신은 어둠을 밝히는 빛과 나라의 부패 방지의 짠맛 소금의 자기 소임을 다해야 한다. 한알의 밀알이 되어 부정부패가 없도록 빛과 소금의 구실을 다해야 한다. 대한민국 검찰이 법과 양심에 따라 도덕적 윤리적으로도 저촉이 없는 수사를 하고 바른 기소를 했다면 검찰 70년 사상 처음 있는 문무일 검찰총장의 대국민

사과 기자간담회가 필요 없을 것이다.

  검찰이 과거 권위주의 정부시절 시국사건에서 검찰이 적법 절차 준수와 인권보장 책무를 양심과 법대로 못한 것이 사실이다. 뒤늦게라도 국민에게 사과한 것은 민주국가에서 긍정적인 검찰수장으로서 바람직한 일이 아닐 수 없다. 검사뿐만 아니라 판사도 시국사건에 법과 양심 재판을 못하고 시국의 권위주의에 아부한 판결도 있을 수 있다. 판사들도 과거시국 사건에 대한 사과나 반성이 필요하다고 본다. 과거 조봉암 간첩죄 사건 인혁당 시국사건 등이 오늘에 와서야 다시 무죄 판결이 나고 있지 않는가. 공정 수사 공정 판결을 위해 빛과 소금의 송골법대 출신 판검사가 사회에 절대로 필요한 것이다.

  정치의 입맛에 따라 헌법이 여덟 번이나 바뀌는 걸레헌법 소리를 듣는 불행도 다시 없어야 할 것이다. 헌법 민법 형법 상법 형사소송법 민사소송법 이 육법이 기본적으로 바르고 공정하게 시행되어야 한다. 우리는 북한 3대 세습체제를 비판한다. 민주국가인 대한민국에서 재벌 사학 교회 등에서 부당하게 세습이 이뤄지는 것은 상식적으로 정당한 법인가. 그 조직의 구성원이면 선거권 피선거권이 공정하게 행사 되어야 하지 않겠는가. 똑같은 사람으로 태어 나서 누구는 금수저로 태어나서 높은 지위와 부를 같이 누리고 누구는 흙수저로 태어나서 능력이 있는데도 금수저의 무능한 자녀보다 밀리는 그런 불공정한 사회는 속히 지양되어야 정의 사회요 공정한 민주사회라 할 것이다.

  민주공화국 사회에서 북한과 같은 인권탄압이 절대로 없어야 한다. 이승만 대통령의 반민특위법 폐지 통치는 친일천국을 만들어 민족정기를 짓밟는 계기가 되었고 박정희 대통령의 유신헌법 피해는 젊은 대학생들이 감옥에 가는 수난을 겪었다. 이승만 대통령의 민주주의, 시장경제, 자유국가, 박정희 대통령의 경제성장국가 건설과 새마을정신, 한강기적 정치는 보람 있는 치적이 아닐 수 없다. 대통령도 법을 잘 지켜 국민이 존경하는 대통령으로 길이 남아야 한다. 역사의 치적 기록이 참삶, 뼈삶, 빛삶의 빛나는 기록으로 남아야 한다. 송골법대 출신의 빛과 소금의 법조인으로 입법 사법 행정 3부가 상식적인 바른 법 운영으로 나라가 억울한 국민 하나 없는 밝고 행복한 복지국가로 잘 성장해 가야 할 것이다.

  송골 꿈속의 송골법과대학이 송골 살아생전에 설립되면 좋겠다 송골이 숨진 후라도 빛과 소금의 꿈 푸른 송골 제자들이 송골법대를 꼭 세워 주면 하늘나라에서도 기쁘겠다. 네덜란드 철학자 스피노자가 "내일 지구의 멸망이 오더라도 오늘 나는 한 그루의 사과나무를 심겠다"고 말했다 송골은 어지러운 오늘 사회에 송골법대가 설립되어 빛과 소금의 법관이 배출될 꿈을 심겠다. 시인 스승으로 짚신문학 제자들이 한국문단 세계문단을 빛내고 노벨문학상을 받는 빛삶의 짚신문인이 되기를 간절히 기도하겠다.

2017년 8월 9일

## ■ 오동춘 시인 해적이

- 1937.4.12.(음력) 일본 다까야마 출생(경남 함양 마천에서 자람)
- 아호 : 송골(松骨) 한흙솔, 새봄
- 문학박사〈한양대〉국문학자, 대학교수〈연세대, 한양대〉교육자, 시조시인, 수필가, 평론가, 한글운동가 서울 화성교회 원로장로〈강서구 화곡본동 소재〉

### ■ 학력

- 마천초등학교 17회 졸업(1950), 함양중학교 8회 졸업(1954)
- 서울용문고등학교(구 강문고교) 5회 졸업(1957), 연세대학교 문과대학 국문과
- 졸업(1962 문학사), 연세대학교 교육대학원 졸업(1974 교육학석사)
- 한양대학교 대학원(1979-1990) 졸업, 문학석사(1982), 문학박사(1990) 취득함

### ■ 경력

- 1962-1964 해병진해기지 정훈참모실 근무(병장 만기 제대함)
- 1965-1992 신경여자상업고교(전 성만여상), 영도중, 영등포공고, 중앙여자중고교, 대신중·고교 교사로 근무함
- 1975-2014 신흥대, 부천대, 숭의여대, 연세대, 한양대, 광운대, 총신대, 한경대, 추계예술대, 성신여대, 서울여대, 인하공전, 대원과학대, 한양여대, 영등포성서신학원, 합동신학대학원대학교 한양대사회교육원, 연세대사회교육원, 덕성여대사회교육원, 총신대평생교육원 등 20개 대학 40년간 출강함. 대학국어, 문학개론 강의함
- 1990-2001 한양대학교 사회교육원 연구교수
- 1994-2004 연세대학교 사회교육원 문창과정 주임 지도교수
- 2004-2014 총신대학교 평생교육원 문학개론 강의 지도교수

### ■ 문단활동

- 1956 강문고교(현 용문고교) 교지 강문康文 창간호에 단편「낙제」〉발표
- 1958 대학재학중 부산날개문학동인으로 문학활동 시작함
- 1959 재부산 함양 기관지〈상림〉에 꽁뜨〈회심(悔心)〉발표
- 1963 해병진해주보 자유시〈별이 되고 싶다〉발표
- 단편〈제대〉,〈해수(海愁)〉,〈운수 좋은 불침번〉등 발표
- 1964 방송극〈9·28의 감격〉발표 마산방송국에서 연출함
- 1968 영등포공고 교지〈영우〉5호에〈회일(回日)〉단편 발표
- 1972 첫시조집〈짚신사랑〉으로 문단에 오름

- 1972-2022 한국문인협회, 국제펜한국본부, 한국시조시인협회, 현대시인협회, 강서문인협회 한국기독교문인협회, 한국장로문인협회,한국문예작가회,
- 청계문학회 가교문학회 등 문학단체 고문 한국기독교수필문학회 회장 역임 짚신문학회 회장 한국통일문인협회 상임이사

■ 사회활동

- 한글학회 감사 3회 이사 1회(2004-2017), 1970-현재 평의원,명예이사 (재)외솔회 사무국장(10년) 역임 전 감사(1970-2022), 세종대왕기념사업회 이사(1997-현재)
- 한겨레한글나무고등학생모임 25년 지도교사(1975-1999), 한글문화단체모두모임 부회장(2010) 국어순화추진회 이사 부회장(1980-현재)
- 한국시조학회 평의원(2009), (사)한국대학봉사회 이사장(2010), 장충학회 회장(2002), 세종대왕국제공항명칭추진위원회 상임이사(1998)
- 평통자문위원 9기, 10기(1998), 32회 방송대상 심사위원(2005), 세종날기념청소년 백일장 심사위원(2008-2023), 홍사단애국가작사자규명위원장(2010)

■ 종교활동

- 서울 아현동 산칠교회 출석함(1956 고3 때) 중고등부 부장 역임
- 서울 강서구 화성교회 1975년 출석 장로 시무 27년 현 원로장로
- 기독교 개혁신보 편집위원(1985-1995) 장로신문 논설위원(2007-현재)
- 수원 합동신학대학원대학교 재단이사(1985-2009)
- 합신교단 전국장로연합회 13기 회장(2005)
- 합신교단 총회 장로부총회장(2005)
- 한국장로회총연합회 25대 공동회장 자문위원(2005-2009)
- 믿음단체 열두얼회 회장 2회 역임(1970년부터 활동함)

■ 동문회 활동

- 1954-현재 함양중학교총동문회 회원
- 1972-1982 용문중고등학교 동문회 부회장
- 1974-2000 연세대교육대학원 동문회 이사 부회장 자문위원
- 1972-1982 연세대학교문과대학 부회장 연세총동문회 이사
- 1995-1997 함양군 마천면초등학교총동문회 4대회장 동문회 명부제작함
- 2009-현재 연세대학교 총동문회 예술분과 상임이사
- 1982-현재 한양대학교 총동문회 회원

■ 시와 시조집

· 1972 「짚신사랑」 학예사
· 1975 「산도라지」 학예사
· 1981 「봄나무」 문지사
· 1984 「하늘 한 조각」 학예사
· 1990 「잠 들어 안 깨면」 인문당
· 1990 「살고 싶은 가슴」 교원문화사
· 1992 「벌써 흙이시네」 한강문화사
· 1995 「봄이 오는 소리」 에벤에셀
· 1995 「아바지와 아들」 에벤에셀
· 1997 시선집 「하늘하고 삽니다」 에벤에셀
· 1999 「밝은 마음 밝은 길로」 에벤에셀
· 2002 「사랑나무 생각」 에벤에셀
· 2006 「흙마을이 그립다」 시조문학사
· 2006 「저기 봄이 오고 있다」 시조문학사
· 2006 시선집 「한글나무」 에벤에셀
· 2012 「가시꽃과 얼음꽃」 시문학사
· 2015 「동해 해 뜨는 나라」 문예사조사
· 2017 「짚신인생 나라사랑」 문예사조사
· 2019 「짚신정신과 솔뼈세얼」 문예사조사
· 2022 「함께 웃고 우는 은혜와 감사」 에벤에셀
· 2024 「짚신사랑」 재판 문예사조사

■ 수필집

· 1979 「한알의 밀알이 되어」 문지사
· 1986 「무엇을 심고 살까」 강나루
· 1996 「흙이 바로 사람인데」 교음사
· 1997 「새끼 서발과 인간 백발」 미래문화사
· 2010 「짚신은 한국의 얼 우리 빛일세」 교음사
· 2023 「성경책이 있잖아요」 문예시조사

■ 기타 저서

· 1987 이솝우화 창우사, 1990 위당시조 연구 〈박사논문집〉 한강문화사

· 2004 교회와 우리말(공저) 성지, 2013 애국가와 안창호 청미디어

■ 수상

· 공로 감사패(외솔회 1973), 한글학회 표창 2회(1976, 2020)
· 제2회 흙의 문학상(1978 문공부 장관상), 대신고교 10년 근속상(1982)
· 대신고교 20년 근속상(1992), 제2회 한국기독교문학상(1986)
· 제15회 노산문학상(1990), 한글공로 국무총리표창 2회(1990, 2016)
· 제2회 연세교육인상(1990), 제3회 장로문학상(2002), 공로패 2회(2002, 2004 연세사회교육원)
· 송공패(연세대 국문과 동기동문회 2000), 제27회 외솔상(2005), 공로패(2007 한양대 사회교육원), 원로장로추대 기념패(2008), 매천황현문학상 대상(2012), 세종문화상(2017), 제4회 한국통일문학상(2024)

■ 주요 논문

· 1961 고려가요와 국민사상 〈연세 문우 제3호〉
· 1973 성삼문의 사상연구 〈새국어교육 16-17호〉
· 1974 옛시조에 나타난 애국사상 연구 〈연세대 교육석사논문〉
· 1977 빛의 시인 박두진론 〈연세어문학 9호, 10호〉
· 1982 가람시조 연구 〈한양대 문학석사 논문〉
· 1983 외솔시조 연구 〈새국어교육 37.38호〉
· 1985 만해시와 이상시의 사상적 비교 〈건국어문학 8. 9합집〉
· 1988 우리 말, 글, 얼사랑의 횃불 주시경 선생 〈상동교회 나라와 교회를 빛낸이들〉
· 1990 위당시조 연구 〈한양대 문학박사 논문〉
· 1993 이상화 시에 나타난 짚신사랑 〈한영환 성신여대 총장 회갑 논문집〉
· 1995 한결 김윤경 선생의 한결 같은 나라사랑 〈나라사랑 제91집〉
· 1996 주시경의 상동청년학원과 하기국어강습소 〈한힌샘 주시경 연구 제9호〉
· 1998 전덕기 목사의 국어정신과 나라사랑 〈나라사랑 98집〉
· 2021 포은 정몽주의 단심가와 도산 안창호의 애국사상 〈종보宗報 33호, 짚신문학 23호〉
· 2021 외솔정신과 한글나무 국어운동 〈나라사랑 130호〉
· 2022 애국가에 나타난 사육신 시조사상 〈겨레의 함성 통권 제3호〉
· 2022 한글은 국보 특호나 제1호로 만들자 〈겨레의 함성 통권 제3호〉
· 논문 총 60여 편 있음

오동춘 첫 시조집(1972)

# 짚신사랑

지은이 오 동 춘
펴낸이 이 재 갑
펴낸곳 도서출판 문예사조
등  록 2-1071 (1990. 10. 15)

04558 서울시 중구 퇴계로 41길 8(충무로 4가) <3층>
Tel. 02-720-5328, 2272-9095
Fax. 02-2272-9230

http://www.munyesajo.co.kr
E-mail : mysj5328@daum.net

발행일 2024년 11월 1일

잘못된 책은 바꿔 드립니다.
값 20,000 원
ISBN 978-89-5724-299-5

▲ 겨레의 스승 도산 안창호(1898-1938) 60 한평생 독립운동하신 순국애국자시다. 흥사단(1913년 5월 13일)을 만드시고 교육입국을 부르짖으셨다.

▲ 외솔 최현배 박사(1894-1970)는 일제 강점기에 "한글이 목숨"이라고 외치시며, 우리 말·글·얼 지켜 쓰기에 77세 한평생을 바치셨다. 함흥감옥에서 3년 동안 옥고를 치르시고 광복으로 출옥해서 우리 한글사랑 국어교육 토대를 이루신 한글겨레 스승이시다. 대표 저서로『우리말본』,『조선 민족 갱생의 도』,『한글갈』

▲ 한결 김윤경 박사(1894-1969)는 일제 강점기 흥사단, 조선어학회 두 사건에 연루 되어 옥고를 치르시며 우리 말·글·얼 지켜 쓰기에 햇불이 되셨다. 광복 후 연세대 총장서리, 흥사단 이사장을 지내신 겨레의 스승이시다. 대표 저서로『조선문자 급 어학사』

▲ 전북대 명예교수 고하 최승범 박사(1931-2023)는 가람 이병기 선생의 제자로 국문학자, 시조시인, 수필가로 전북문학을 290여 권 발행하셨다. 송골과 외솔회에서 만나 50여 년 모신 선배 문인으로 학덕 높은 학자로 교수셨다. 가람 버금가는 대표적인 국문학자로 시인이다. 구례 섬진강변에서 신석정 시인의 따님인 부인과 함께 주무시고 있다.

짚신사랑 _ 241

▲ 하석임(1920-2007) 어머님은 "자식은 쪽박을 차도 가르쳐야 한다."는 맹모 같은 출중한 교육자이시다. 뼈 있게 살라고 "뼈삶"을 일깨워 주시며 가난 속에서 5남매의 교육에 고난의 땀을 많이 흘리셨다. 경남 함양군 마천면 강청리 도촌 곰달래산 기슭 산소에 아버지와 함께 주무신다.

▲ 하나님 은혜와 어머님의 교육정신으로 나는 연세대학교 국문과를 거쳐 한양대대학원에서 문학박사 학위를 취득했다. 아내 안송희 권사와 장남 오안열 목사가 축하차 와서 기념 사진을 찍었다(1990년 2월 22일 한양대 교정에서).

◀ 일송 박홍관(1927-2020) 선생님이 1950년대 초 함양중학교 국어로 교편을 잡으셨을 때 송골은 3년 동안 국어지도를 받았다. 국어 성적이 좋아 자주 칭찬해 주셨다. 2014년 5월 16일 스승의 날을 기해 오랜만에 찾아뵈었다. 수석 취미를 가지시고 건강하시더니 94세로 하늘나라 가셨다. 자녀들이 일송 박홍관 유고집 『짝 잃은 토생』을 발간했다(2014년 5월 16일 서상면 대남리에서).

송골이 짚신문학 회원들을 인솔하고 거가대교를 건너 거제도 김영삼 대통령 생가 견학을 갔다. 월요일이라 문이 잠겨 있어서 뒷담길에서 신재미 시인이 사진을 찍었다. 발 앞에 무지개가 떴다(2011년 3월 28일 김영삼 대통령 생가 뒷담길에서). ▶

함양중학교 3학년 재학 중 여름방학 때 서울 숙부댁 방문하고 찍은 기념 사진(2953년 8월 15일)

▲ 서울 창신동에 있던 강문고교(현 용문고교) 1학년 때 모습(1954년 여름)

▲ 부산 동아고교 재학 중인 오동해 아우의 모습(1957년도 겨울)

▲ 강문고교 고3 때 송골 모습(1956년도 겨울)

연세대학교 문과대학 국문과 졸업 때 모습(1961년 12월 27일)

▲ 강문고교 고3 때 강화도 전등사로 소풍 갔을 때 정족산에서 이중모 친구와 기념사진을 찍었다(1956년 가을).

▲ 강문고교 재학시 아주 절친한 앞줄 첫째 이중모, 그 옆 오동춘 뒤의 장수영 세 사람을 친구들이 삼각형 친구들이라는 별명으로 불러주었다. 늘 셋이 다니니까(1956년 겨울).

▲ 한양대학교 대학원에서 문학박사 학위를 받은 모습(1990년 2월 22일 학교 교정에서)

▲ 해병 진해기지 정훈 참모실 근무할 때 부산 집에 왔다가 영도다리 앞에서 기념사진을 찍었다(1963년 겨울).

▲ 신랑 오동춘 도령과 신부 안송희 아씨가 결혼식을 앞두고 대기실에서 함께 앉아있다(1965년 6월 24일 시민회관 소강당 대기실에서).

▲ 박창준 행화정교회 담임목사 주례로 경건하게 결혼식을 마치고 신랑 오동춘 신부 안송희 친구들과 함께 기념 사진을 찍었다.

▲ 영등포공고 재직시 동료 교사 김상수 선생 결혼식 사회를 종로 4가 동원예식장에서 봐 주고 함께 온 아내와 장남 오안열 어린이와 함께 구름다리에서 기념 사진을 찍었다(1967년 여름).

▲ 오안열 목사는 수원 합동신학대학원대학교 17회 졸업생으로 사이판 신학교 교무주임, 사이판 한인장로교회 담임목사로 10여 년 시무하고 지금은 부산가야로교회 담임목사로 시무하고 있다(1990년대 초 합신 교정에서).

▲ 1978년 12월 8일 대학로 문예진흥원 강당에서 제2회 흙의 문학상(대한민국문학상 전신) 시상식이 열렸다. 김성진 문공부장관이 앞줄 왼쪽, 시부문 오동춘부터 차례로 소설부문 오유권, 박경수, 희곡부문에 정복근에게 상장을 수여했다. 오동춘 시인 뒤에 아내 안송희 권사가 앉아 있다. 심사위원장은 백철 교수, 시부문 심사는 모윤숙, 구상 시인이 했다(1987년 12월 8일 문예진흥원에서).

▲ 아빠가 제2회 흙의 문학상을 받았다고 막내아들 오세혁 어린이가 아빠 송골에게 꽃다발을 드리고 있다(1978년 12월 8일 문예진흥원에서).

경만수, 임경섭, 허귀송, 강선영 네 해병 장교가 해병 제대 무렵 만든 열두사도의 정신대로 살아가는 열두얼회 송 부부 모임을 열고 기념 사진을 찍었다(2006년 11월 13일 일산 어느 음식점에서).
줄 왼쪽부터 임문혁, 오동춘, 강선영, 정상, 안철수, 김종관, 김용원(목사, 장로들)
줄 왼쪽부터 채명현 장로, 오정자, 홍석희, 조연옥, 안송희, 권명숙, 이순희(부인들)

▲ 외솔 최현배 박사 추모 단체가 시행하는 제27회 외솔상을 문화부문 김일근 건국대 교수, 공로상에 오동춘 연세사회교육원 교수가 수상했다. 두 교수가 함양 출신이다. 뜻 깊다(2005년 10월 19일 프레스센터에서).

▲ 송골 제18시조집 출판기념회를 마치고 오동춘, 안송희 부모 밑 3남매 가족과 함께 사진을 찍었다(2017년 10월 14일 한글회관 강당에서).

▲ 부산에서 완행 열차를 타고 정전 협정이 체결되던 해 8월 14일 오동해 아우와 오문환 숙부댁을 찾아갔다. 처음 본 서울 6·25로 파괴된 참상을 봤다. 숙부님 제안으로 기념사진을 찍었다. 뒷줄 오른쪽 숙부 곁에 조카 오동춘 함양중학 3학년이 서고 바로 앞줄에 사촌아우 오명근 초등학생, 숙모님, 오동해 아우, 사촌 아우 중근 어린이가 서 있다.
(1953. 8. 26 어느 사진관에서)

▲ 대신고교로 자리를 옮겨 학교 교지 편집에 필요하여 찍은 송골 가족 사진이다. 송골 30대 사진이다 앞줄 오혜림 딸, 뒤 오안열 장남, 오동춘, 안송희 부부, 안긴아가 오세혁 아들(1970년대 초여름).

▶ 올해 26년째 되는 짚신문학회는 한글사랑, 나라사랑, 짚신사랑 정신으로 3·1절 80주년 되는 1999년 3월 1일 한글회관 강당에서 창립되었다. 오동춘 회장이 짚신을 들고 설명하고 있다. 그 옆에 이실태 시인이 서 있다. (1999년 3월 1일 한글회관 강당에서).

◀ 제1회 짚신시낭송회가 연세동문회관 갤러리에서 성황리에 열렸다. 황금찬, 허영자 시인이 특별 시낭송을 해 주셨다(1999년 6월 15일 연세동문화관 갤러리에서).

▲ 노태우 정권 때 단순 기념일로 격하된 한글날을 한글학회 중심 한글문화단체의 끈질긴 노력으로 2005년 12월 정기국회에서 국경일로 승격되었다. 그 축하 시화전을 560돌 한글날 맞으며 2006년 9월 24일부터 30일까지 혜화역 미술전시실에서 개최했다(2006년 9월 24일 혜화역 미술전시실에서).
사진 왼쪽부터 다섯 번째 한글각회 회장 김계곤 박사, 여섯 번째 오동춘 짚신회장, 일곱 번째 신세훈 문협이사장

▲ 역경을 뚫고 연세대 4년간의 학업 승리를 이루고 1961년 12월 27일 졸업을 했다. 앞줄 가운데가 오동춘, 오른쪽이 안승희, 왼쪽이 방현순, 뒤쪽 왼쪽이 이창훈 전도사, 안기덕, 방현순 올케, 최영희, 성수경 등이 축하차 와서 기념 사진을 찍었다(1961년 12월 27일 연세대 학관 앞에서).

▲ 한국의 지붕 백두산에 우뚝 선 송골의 모습. 천지가 새파랗다. 희망이 넘친다(1995년 7월 18일).

▲ 송골 오동춘 시인의 스무 번째 시집 출판기념회가 강서구 화성교회 비전홀에서 2022년 10월 24일 열렸다. 송골 부부와 3남매가 나와 함께 인사하고 있다(2022년 10월 24일 화성교회 비전홀에서).

◀ 송골 할아버지, 안송희 할머니 중심으로 꿈 푸른 명의 손자, 손녀가 모였다. 맨 앞줄 오른쪽 장손 한밀이는 2024년 8월 20일 아들을 낳았다. 앞줄 오른쪽 이해나는 작가의 꿈을 꾸고 있다. 두 손자가 육군에 입대했다(어느 해 여름 송골집에서).

▲ 강문고 5회 졸업생 장수영 박사가 미국에서 귀국하여 축하차 정기호 선생님 모시고 친구들이 기념 사진을 찍었다. 앞줄 첫 번째 남상근, 두 번째 정기호 선생님, 세 번째가 주인공 장수영 박사(후에 포항공대 2대 총장 역임), 네 번째 오동춘 박사이다(1976년 8월 16일).

▲ 양구에 안병욱, 김형석 철학박사의 철학관 집이 있고, 1층에 이해인 수녀 시인의 시공간이 있다. 앞줄 왼쪽부터 오동춘 시인, 이해인 시인, 반재철 전 흥사단 이사장이 서 있다(2012년 12월 1일 양구에서).

◀ 별천지 마천에서 2000년 10월 21일, 22일 양일간에 제1회 지리산 천왕축제를 열었다. 이 자리에 초대된 오동춘 시인이 천왕축제 축시 낭독을 했다. 이날 함양 출신 허양자 시인도 낭독했다(2000년 10월 21일~22일 백무동에서).

▲ 천왕축제에 운집한 참가자들이 자랑스럽다. 앞줄 왼쪽부터 오동춘, 허영자 시인이 함께 앉아 있다(2000년 10월 21일~22일 마천 백무동에서).

▲ 마천 도촌 출신 오동춘 시인이 이끄는 짚신문학회가 573돌 한글날 경남 함양군 마천면 도촌 짚신문학 기념비를 세웠다(10월 9일 한글날 세움).

▲ 옥수동, 금호동 사이에 있는 매봉산에 팔각정을 짓고 오동춘 작사 「매봉산에서」 시비가 서 있다(1992년 12월 25일 세움).

▲ 충남 보령시 개화예술공원 시비공원에 송골시비 〈나라〉가 서 있다. (2010년대 여름)

이현규 마천면장 재직시 선배 시인 오동춘 박사의 시비 건립을 추진하여 마천 전통시장 옆에 「우리 마천」 시비가 서 있다.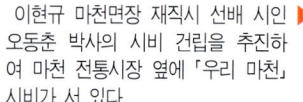

_ 오동춘 첫 시조집(1972)